Je deviens maman

ISBN : 978-2-412-07680-4
Dépôt légal : janvier 2022
Imprimé en Espagne

Direction éditoriale : Marie-Anne Jost-Kotik
Responsable éditoriale : Rose-Marie Di Domenico

Édition : Lucie Drouin
Relecture : Irène Colas et Véronique Dussidour
Mise en pages : Antartik

Illustrations : Margaux Schmit (mrs.masch)

Éditions First
92, avenue de France, 75013 Paris
Tél. : 01 44 16 09 00
Fax : 01 44 16 09 01
E-mail : firstinfo@efirst.com
Site Internet : www.editionsfirst.fr

ma petite famille

Je deviens Maman

Olivia Toja
Illustré par Mrs Masch

F1RST
ÉDITIONS

Sommaire

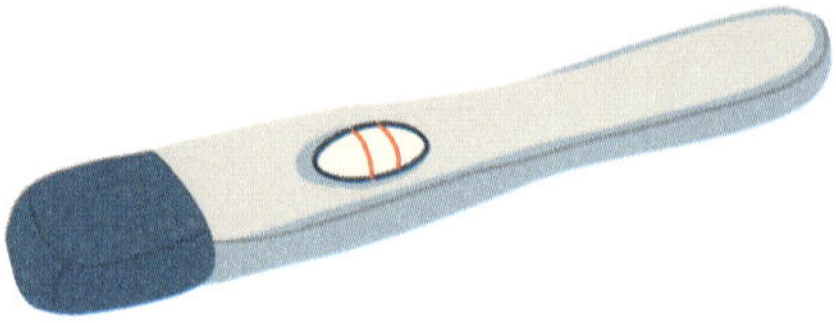

Chapitre 2

Neuf mois de changement 53

Chapitre 3

Se préparer à devenir mère 103

Chapitre 4

Vous êtes enceinte ou vous prévoyez de l'être ?
Voyons ce qui vous attend !

Introduction

Comment commencer à parler de ce sujet si vaste de la grossesse, de la maternité ? Tellement de mots se bousculent dès que l'on évoque seulement ce thème ! Tellement d'images, d'émotions, de questions, de découvertes, de projets, d'angoisses, de larmes, d'amour... Dites-moi un peu quel autre événement, dans une vie, a un potentiel aussi fort ? Peut-être marcher sur la Lune ? Être élu président de la République ? (Vous me direz, si cela vous arrive.) Quel autre moment fait-il passer à un état aussi nouveau que celui d'être mère, d'être parents ? Quelle autre décision a des conséquences aussi durables et aussi imprévisibles ?

Si vous lisez ce livre, c'est que vous êtes enceinte ou que vous souhaitez le devenir. Peut-être avez-vous attendu ce moment très longtemps, peut-être est-ce arrivé plus rapidement que prévu, peut-être n'était-ce pas prévu du tout... toutes les situations existent et chaque grossesse est unique, tout comme chaque mère, chaque couple parental et chaque enfant sont uniques. Ce qui est magique avec cette aventure, c'est qu'elle est à la fois tellement banale et tellement extraordinaire... Elle vous inscrit dans une histoire universelle mais fait de vous un être si particulier : vous allez être la mère de cet enfant-là, cet humain à nul autre pareil.

Vous sentez que vous êtes au début d'une nouvelle étape de votre vie : elle sera sûrement très belle, elle sera sans doute difficile parfois mais, dans tous les cas, elle sera ré-vo-lu-tionnaire. Elle va tout changer dans votre existence, ça, c'est sûr. Il y a vraiment un avant et un après : il vous arrivera sûrement de regretter l'avant, même si c'est juste quelques secondes, même si c'est plus longtemps au moment où une copine vous appelle à 21 heures – « Tu viens boire un verre ? » –, où vos nuits sereines seront un vague souvenir, où vos vacances seront aussi difficiles à planifier qu'une réunion du G7. Vous allez basculer dans une autre dimension et parfois croire que vous êtes tombée dans une faille spatio-temporelle : vous n'êtes plus le centre de votre univers, un petit bout qui vous ressemble a pris cette place. Vous allez accueillir un être que vous n'avez pas choisi, mais dont vous aurez la responsabilité et qui va vous occuper à plein temps. Quel job ! Normal que cela soit angoissant...

Vous allez passer d'enfant-de-vos-parents à mère-de-votre-enfant. Votre couple de deux amoureux va passer au statut de parents. L'enfant va passer de la vie intra-utérine au monde extérieur. Sacré voyage !

Attendre un bébé est si ordinaire et si incroyable à la fois... Vous avez neuf mois devant vous pour vivre intensément cette aventure si particulière, pour préparer votre nouvelle vie, votre couple, votre nid... Rien ne dit que tout sera facile, agréable ou conforme à vos attentes, être enceinte n'est pas « magique » et vous pleurerez peut-être en regardant les images des influenceuses « maternité » qui semblent tellement heureuses alors que vous vous trouvez moche, grosse et incapable d'assumer. La grossesse n'est qu'un moment de passage, un sas de préparation : vous ne trouverez pas forcément ce voyage merveilleux, et il faudra sûrement le dissocier de sa finalité, accueillir un enfant. C'est un long tunnel qui vous permet d'accéder lentement à votre nouveau statut et qui prépare également le bébé à arriver dans la vie humaine. En vous, il va vivre des émotions, ressentir, apprendre... et se préparer à vous rencontrer.

On vous a toujours parlé de la grossesse comme d'un moment merveilleux, le « sommet de la vie d'une femme » qui peut enfin répondre à la fonction inhérente à son genre, donner la vie... Mais vous ne croyez plus aux contes de fées, vous savez que les garçons ne poussent pas dans les choux et les filles dans les roses : vous allez au contraire être une Maman, et ce mot contient tellement de pouvoirs... une Wonder Woman, une Shiva, un être aux émotions et aux forces décuplées. Vous voulez garder votre vie, ne pas vous dissoudre dans cette nouvelle fonction, déconstruire des schémas hérités du passé et qui ne vous conviennent peut-être pas. Vous allez apprendre que pour qu'un enfant soit heureux, il doit avoir une mère heureuse (et le sacrifice ne fait pas forcément partie de votre vision de l'épanouissement personnel).

Vous ferez sûrement beaucoup d'erreurs, et ça sera très bien. Vous ne serez pas parfaite, votre partenaire non plus, et ça sera... parfaitement normal. Vous pleurerez sûrement beaucoup, vous serez épuisée, vous douterez, vous aurez envie de dire stop. Et vous serez émerveillée, amusée, attendrie, émue.

Vous ferez de votre mieux, vous ferez forcément bien.

Si vous lisez ce livre avant d'être enceinte...

Petit aparté avant de commencer. Si la grossesse n'est pas une maladie (vous allez entendre cette phrase à de très nombreuses reprises !), elle est à coup sûr un marathon, à la fois physique et psychologique. Évidemment, cela peut arriver par surprise – une femme sur deux ne programme pas sa grossesse –, sans préparation ni précautions particulières et très bien se passer : d'innombrables générations d'êtres humains sont nées sans que la future mère ne connaisse l'acide folique ou l'état de son immunité contre la toxoplasmose. Et d'ailleurs, il existe encore bien des parties du monde où, aujourd'hui, ces questions semblent encore être « un luxe ». Mais si vous souhaitez vous préparer, comme le ferait un sportif, pour que votre corps soit dans les meilleures conditions possibles, voici quelques pistes à suivre.

Alimentation et carences

Miser sur l'acide folique (ou folates ou vitamine B9) : il est indispensable dès le début de la grossesse afin de limiter le risque de malformations neurologiques (notamment la fermeture du tube neuronal à l'origine du cerveau). La plupart des femmes étant carencées, il est important de prendre un complément dès que le désir de grossesse apparaît, voire à l'arrêt de la contraception. On recommande de commencer la supplémentation un mois avant la grossesse mais comme il est impossible de deviner à quel moment la grande aventure va commencer… on peut en prendre quelque temps !

L'acide folique peut être prescrit par le médecin. Il se trouve souvent dans des compléments alimentaires spécifiques à la grossesse. Mais on peut aussi le trouver dans l'alimentation :

- dans les légumes à feuilles vert foncé : salades, épinards, choux de Bruxelles, brocolis par exemple ;
- dans les légumineuses (fèves et haricots secs, pois secs, lentilles) ;
- dans certains fruits : fraises, agrumes, kiwi, melon par exemple ;
- ou encore dans les produits laitiers ou les aliments complets.

À savoir : la cuisson dans l'eau élimine une grande partie de l'acide folique contenu dans les aliments. Pour la préserver, mieux vaut préférer la cuisson vapeur.

Quant au reste de l'alimentation, veiller aux nutriments tels que l'iode, l'oméga-3… qui assurent une santé optimale. Le poisson sera un excellent allié en cette période.

Le futur père

Le futur père peut également veiller à son équilibre en micronutriments : il doit produire des spermatozoïdes performants et en pleine santé. Les vitamines C et E sont des antioxydants qui protègent les spermatozoïdes contre les radicaux libres. Les folates sont indispensables à la formation de l'ADN, donc essentiels au moment de la fabrication des spermatozoïdes. Le zinc, le sélénium, le magnésium, la carnitine interviennent dans leur mobilité.

Si le futur père se sent souvent moins concerné par ce sujet, la grossesse peut être pour lui le début d'une prise de conscience pour l'adoption d'un nouvel équilibre alimentaire et d'une vie plus saine. Une nouvelle hygiène de vie pour le couple dont il profitera forcément.

Rester tonique !

Faire du sport devrait faire partie du programme « avant bébé » : tout d'abord, parce que cela sera moins d'actualité plus tard (on peut évidemment continuer à faire du sport pendant la grossesse, mais bien souvent la fatigue et le manque d'énergie poussent à ralentir l'activité), parce que cela met en forme pour accueillir optimalement la grossesse et aussi parce que le sport permet de se vider la tête (quand on pense trop à son projet d'enfant, cela fait du bien de changer son mindset pour un moment).

Vaccinations

Faire le point sur ses vaccinations est indispensable : coqueluche, ROR (rougeole, oreillons, rubéole), varicelle sont des vaccinations fortement recommandées dans le cadre d'un projet d'enfant. Un bilan sérologique permet de savoir où l'on en est, et de vérifier également son immunité contre la toxoplasmose afin de prendre toutes les précautions nécessaires si l'on n'est pas immunisée.

Alcool et tabac

Puisqu'il va falloir se restreindre pendant neuf mois, pourquoi ne pas diminuer drastiquement sa consommation d'alcool et de cigarettes dès maintenant ? Le faire à deux, c'est encore plus motivant et efficace. (Voir page 94 pour les conséquences du tabagisme, de l'alcool et des substances psychoactives sur la grossesse.)

Lexique des mots de la grossesse

Aménorrhée / semaines d'aménorrhée ou SA

L'aménorrhée est le terme signifiant l'absence de règles, notamment dans le cadre d'une grossesse. La date de vos dernières règles devient donc le point de départ de tout le processus. On parle de « semaines d'aménorrhée » à compter de cette date. Si la grossesse s'exprime en « mois » pour pouvoir répondre aux non-initiés (« Tu en es où ? – Au xe mois ! » Cela permet en gros de savoir combien de temps il leur reste pour prévoir leur cadeau de naissance), on parle surtout en SA auprès des intervenants soignants et accompagnants. La durée moyenne d'une grossesse est de 40 semaines d'aménorrhée.

Les « semaines de grossesse » sont celles dont le point de départ est la fécondation (en général 14 jours après la date des dernières règles). Leur compte est donc décalé de 2 semaines par rapport aux SA.

Amniocentèse

Il s'agit d'un examen, non obligatoire, proposé par le médecin au deuxième trimestre de la grossesse et dans certains cas précis : suspicion de trisomie à l'échographie, antécédents de maladie génétique ou chromosomique, futures mamans de 38 ans ou plus. On prélève, avec une aiguille très fine, quelques millimètres de liquide amniotique et l'on procède à son analyse.

L'examen fait en général peur aux futures mamans, c'est normal ! Mais il s'agit d'un geste sûr et peu douloureux (l'anesthésie fait plus mal que la ponction elle-même).

Anémie

Il s'agit d'un taux insuffisant d'hémoglobine (ou globules rouges, qui permettent de transporter l'oxygène) dans le sang. Pendant la grossesse, la production d'hémoglobine augmente pour subvenir aux besoins de la mère et du bébé. Parfois, des carences d'origine nutritionnelle (en fer, en vitamine B9 ou B12) peuvent en freiner la production et causer l'anémie avec des symptômes comme la pâleur, la fatigue, des vertiges et des risques d'accouchement prématuré. On prescrit des compléments alimentaires afin de remédier au problème.

Bouchon muqueux

Au cours de la grossesse, de la glaire cervicale s'accumule et s'épaissit au niveau du col de l'utérus pour former un bouchon qui protège le fœtus des infections et autres microbes. C'est une barrière naturelle très efficace. Au moment où le col commence à se modifier pour préparer l'accouchement (entre 24 et 48 heures avant), ce bouchon se décroche, le plus souvent sans que l'on s'en rende vraiment compte : on parle de la « perte du bouchon muqueux », qui est donc un signe de début du travail. Il faut le signaler au personnel soignant en arrivant à la maternité.

Cerclage (du col de l'utérus)

Il s'agit d'une technique chirurgicale qui permet de réduire l'ouverture du col de l'utérus (la « béance » qui peut se présenter dans certains cas congénitaux ou à la suite d'une intervention chirurgicale ou d'une IVG) afin de limiter le risque d'accouchement prématuré. On « ferme » le col en le suturant (sous anesthésie), le fil étant retiré en fin de grossesse pour permettre l'accouchement.

Cholestase gravidique

Il s'agit d'une affection du foie : la bile ne rejoignant pas le système digestif, les acides biliaires passent alors dans le sang avec des conséquences qui peuvent être graves pour le fœtus. Pour la future maman, cela se manifeste (généralement au troisième trimestre) par des démangeaisons sur les mains, les pieds puis sur l'ensemble du corps.

C'est un phénomène rare mais il nécessite une surveillance importante avec une hospitalisation recommandée ; il existe un traitement efficace mais l'accouchement peut être déclenché s'il n'est pas suffisant.

Clarté nucale

La clarté nucale est un espace situé au niveau de la nuque du fœtus : on la mesure afin de dépister des risques de maladies chromosomiques (notamment la trisomie 21) ou cardiaques. Cet examen incontournable a lieu lors de la première échographie, entre la 11e et la 14e semaine d'aménorrhée. Jusqu'à 3 millimètres d'épaisseur, la clarté nucale est jugée normale. Au-dessus, on évalue les risques en fonction de l'âge maternel et du terme de la grossesse. Plus la femme est âgée, plus les risques sont grands. On complète l'examen par une prise de sang qui permet le dosage des marqueurs sériques de la trisomie 21.

Contractions

Ce sont les contractions musculaires de l'utérus lors du travail menant à l'accouchement. Elles se rapprochent et s'intensifient au fur et à mesure du travail : elles commencent par provoquer l'effacement et la dilatation du col de l'utérus puis « poussent » le bébé vers la sortie et, enfin, participent à l'expulsion du placenta.

Des contractions peuvent survenir au cours de la grossesse, elles se manifestent par un durcissement bref de l'utérus ; en général indolores, elles doivent être signalées si elles deviennent douloureuses ou fréquentes. Ces fausses contractions peuvent être très stressantes pour la future maman, qui redoute à chaque instant que quelque chose soit en train de se passer. N'hésitez pas à en parler pour qu'elles soient traitées.

Cytomégalovirus ou CMV

Il s'agit d'un virus de la famille de l'herpès dont l'infection peut passer inaperçue puisque environ 50 % de la population est immunisée (on ne le sait pas !). Il se transmet par les sécrétions corporelles (salive, sang, sperme, larmes, lait maternel, sécrétions génitales) et peut avoir des conséquences graves sur le fœtus (notamment une surdité de l'enfant plusieurs années après la naissance ou d'autres atteintes repérées à l'échographie). Les enfants nés avec une infection à CMV peuvent sécréter du virus pendant plusieurs années. Ainsi, les enfants de moins de 3 ans représentent la source d'infection la plus fréquente par leur salive, leurs larmes, leur urine et leurs sécrétions nasales : de 20 à 60 % de nourrissons en crèche excrètent du CMV, sans présenter de symptôme.

Il n'y a pas de dépistage systématique ni de traitement reconnu comme efficace : l'hygiène des mains et des mesures particulières en cas de contact avec des enfants en bas âge (notamment pour les femmes enceintes qui travaillent dans une crèche) sont recommandés.

Déclenchement

Parfois, par précaution médicale ou si le terme est dépassé, la personne qui suit votre grossesse peut décider que l'accouchement doit arriver rapidement et intervenir afin de le déclencher artificiellement. La sage-femme peut vous poser une perfusion contenant de l'ocytocine afin de provoquer des contractions. Si votre col n'est pas mûr, elle peut aussi déposer auparavant un produit au fond de votre vagin pour accélérer sa maturation. Ensuite, une fois le déclenchement entamé, les choses s'accélèrent et votre accouchement se déroule naturellement.

Diabète gestationnel

Il s'agit d'un excès de sucre dans le sang, propre à la période de la grossesse (il disparaît par la suite). Lié à un problème de production de l'insuline qui ne régule pas bien le taux de sucre dans le sang, il est souvent dû à un surpoids de la mère, un pancréas déficient, des antécédents familiaux, un âge supérieur à 35 ans. Il entraîne une prise de poids trop rapide du bébé, ce qui pose problème pour l'accouchement (risques de césarienne) et pour la santé future du bébé.

On le dépiste par la recherche du glucose dans les urines lors du suivi de grossesse et par un dosage sanguin en cas de test positif. Le traitement repose en général sur des conseils diététiques, une activité physique régulière et, s'il le faut, l'administration d'insuline.

Embryon

C'est le nom donné au futur être humain au début de la gestation (durant les deux premiers mois de la grossesse) avant que tous ses organes soient formés et ses membres développés. On parle ensuite de fœtus.

Envies (les fameuses...)

C'est un mythe qui a la vie dure... Les célèbres fraises sont dans tous les esprits !

Les envies alimentaires peuvent survenir au début de la grossesse et se prolonger parfois jusqu'à son terme. Une des explications les concernant serait relative aux bouleversements hormonaux qui modifient le goût et l'odorat de la femme enceinte, provoquant le dégoût pour certains aliments et une attirance irrépressible pour d'autres. On parle aussi d'une façon pour l'organisme de lutter contre certaines carences : une envie de chocolat pour combler un déficit en magnésium, une attirance pour le pamplemousse en raison des vitamines qu'il contient, etc. Une autre piste est encore que les envies seraient une sorte de refuge émotionnel : un aliment réconfortant permettant de calmer les angoisses par exemple. Ou une manière de manifester à son partenaire son besoin de soutien en lui demandant d'aller chercher une mangue à 3 heures du matin au mois de janvier pour assouvir une envie urgente. #missionpapa

Épisiotomie

Il s'agit d'un geste chirurgical, pratiqué par l'obstétricien ou la sage-femme, consistant à inciser le périnée de quelques centimètres afin de faciliter le passage du bébé lors de l'accouchement et d'éviter une déchirure compliquée et une éventuelle incontinence urinaire future.

S'il est encore pratiqué aujourd'hui, ce geste n'est plus systématique : le ratio bénéfices/risques de cette pratique ne serait plus évident. C'est un sujet qui fait vraiment polémique à notre époque, les femmes le vivant souvent comme un acte violent et traumatisant alors que le corps médical y voit un geste de prévention. Sans entrer dans le débat, faites valoir votre souhait d'être informée sur cet acte et d'être libre de choisir ce qui vous convient le mieux. #violencesobstetricales

Haptonomie

L'haptonomie est une pratique basée sur la mise en relation, la communication entre les parents et le fœtus au travers du toucher. Elle est utilisée dans le cadre de la préparation à la naissance et se pratique à partir du quatrième mois de grossesse quand le bébé commence à bouger dans le ventre de la mère et qu'il répond aux stimulations (voix, caresses). Elle se pratique généralement en couple sous la direction d'une sage-femme ou d'un médecin. #preparationaccouchement

Liquide amniotique

C'est le liquide qui remplit la poche amniotique (poche des eaux) dans laquelle est immergé le fœtus, qui est ainsi à l'abri des chocs, des bruits et des infections, et maintenu à température constante. Il est continuellement renouvelé, constitué d'eau, de sels minéraux et de cellules fœtales (desquamation, urines...). Sa quantité doit être suffisante pour assurer le bon déroulement de la grossesse.

« Perdre les eaux » est le phénomène qui suit la rupture de la poche des eaux et qui entraîne l'écoulement de ce liquide (comme si vous faisiez pipi sans le vouloir) : c'est le moment de se rendre à la maternité (si ce n'est pas déjà le cas).

Listériose et salmonellose

La listériose et la salmonellose sont des maladies infectieuses dues à l'absorption d'une bactérie (la listeria ou la salmonelle) fréquemment présentes dans l'environnement et dans certains aliments, notamment les charcuteries et les fromages au lait cru. Chez la femme enceinte, ces infections sont graves car elles peuvent affecter le développement du fœtus, provoquer un accouchement prématuré ou même le décès de l'enfant. Pour les prévenir, il convient d'éviter certains aliments, de toujours les faire cuire et de respecter des mesures d'hygiène : laver les fruits et légumes, désinfecter le réfrigérateur tous les 15 jours. Voilà une tâche dont votre partenaire pourra s'acquitter tel un superhéros : dégommer les bactéries. #missionpapa

Le corps médical est très strict sur la prévention de ces infections : n'en faites pas une obsession en ne voulant manger que des aliments désinfectés. Détendez-vous, avec une hygiène correcte, les risques s'éloignent.

Masque de grossesse (chloasma)

Il s'agit de taches brunes étendues autour des yeux et au-dessus des lèvres qui peuvent apparaître après une exposition au soleil : pendant la grossesse, les hormones produites augmentent la synthèse de la mélanine, ce qui occasionne l'apparition des taches. Un seul mot d'ordre : se protéger du soleil en utilisant une protection solaire à fort indice.

Après l'accouchement, le « masque » disparaît progressivement (il faut parfois plusieurs mois) et, au besoin, une crème dépigmentante peut être prescrite.

Monitoring

Système de surveillance qui, grâce à des capteurs posés sur le ventre de la femme enceinte, permet de contrôler les battements du cœur du bébé et la qualité des contractions. En fin de grossesse, vous en vivrez plusieurs, qui seront autant d'occasions d'écouter le bébé ! Le ralentissement ou l'accélération du rythme cardiaque du bébé peut entraîner par exemple la décision d'une césarienne en urgence pour limiter la souffrance fœtale.

Multipare/nullipare

Nullipare se dit d'une femme n'ayant jamais accouché (quel mot épouvantable !). La femme n'ayant jamais eu de grossesse est, elle, « nulligeste ». Une femme enceinte pour la première fois est primigeste. Lors de son premier accouchement, elle est primipare. Multipare se dit d'une femme ayant déjà accouché.

Pelvimétrie

Il s'agit d'un examen pratiqué par radio, IRM ou scanner, qui permet de mesurer la taille du bassin pour évaluer les possibilités de passage du bébé lors de l'accouchement. La pelvimétrie est pratiquée en général dans les cas de présentations par le siège, si la future maman est de constitution fine ou de petite taille, ou après une première césarienne. (« Ça ne passera jamais ! » *versus* « Avec les hanches que vous avez, ça va passer tout seul » : parfois, les remarques peuvent être culpabilisantes. Vous n'êtes pas responsable de la taille de votre bassin, ok ?)

Péridurale

La péridurale est une technique d'anesthésie locale pratiquée au niveau de la moelle épinière (entre la troisième et la quatrième vertèbre lombaire) afin de limiter les douleurs de l'accouchement par voie basse. Dans le cadre d'une césarienne, l'anesthésie réalisée est une rachianesthésie. (Un des sujets chauds de la grossesse : la vouloir d'office, la refuser, ne pas savoir, attendre de voir, supplier qu'on vous la pose… la « péri » va vous occuper l'esprit bien souvent !) Pour en savoir plus sur la péridurale, rendez-vous pages 130 à 133.

Périnée

Le périnée (ou plancher pelvien) est l'ensemble des muscles en forme de « hamac » qui soutient tous les organes entre le pubis et le coccyx. C'est une zone soumise à rude épreuve (le mot est faible !) pendant la grossesse et l'accouchement : sa rééducation sera primordiale pour qu'il retrouve sa tonicité après cette période et éviter les fuites urinaires par exemple. (Et, disons le clairement, retrouver une vie sexuelle épanouie.)

Placenta praevia

C'est une situation rare (1 à 2 % des grossesses) dans laquelle le placenta s'implante dans la partie basse de l'utérus plutôt que dans la partie supérieure, parfois tout près du col, parfois dessus. Cela peut occasionner des décollements qui privent le fœtus d'une partie de l'irrigation sanguine. Lors du passage du bébé, le placenta peut se déchirer, occasionnant des saignements importants. Quand elle existe, cette affection est particulièrement surveillée.

Pré-éclampsie/éclampsie

La pré-éclampsie (hypertension artérielle gravidique) est une maladie liée à la grossesse dont l'origine reste inconnue et qui touche environ 5 % des femmes enceintes. Dans certains cas, le placenta se développe moins bien, notamment la vascularisation. Il libère alors des substances irritantes ou toxiques pour l'organisme maternel. Les symptômes apparaissent généralement dans la seconde moitié de la grossesse et les premiers signes peuvent également survenir jusqu'à quatre semaines après l'accouchement.

Elle se caractérise par une élévation de la tension artérielle et d'une présence anormale de protéines dans les urines, signe d'une atteinte des reins. Elle peut s'aggraver et toucher le cerveau, provoquant une éclampsie, une crise convulsive (comme l'épilepsie) : il s'agit d'une urgence médicale, qui peut être fatale pour la mère et l'enfant à naître.

Siège

« Votre bébé est en siège. » Sortez immédiatement l'image de fauteuil Louis XVI qui vient de traverser votre esprit. Il s'agit du nom de la présentation de l'enfant qui, au lieu de se positionner tête en bas, est tourné de façon à engager ses fesses ou ses pieds en premier pour sortir de l'utérus. Cela concerne 5 % des grossesses et même si l'accouchement par voie basse est envisageable, la solution choisie est souvent la césarienne.

Toxoplasmose

C'est une maladie infectieuse due à un parasite que l'on peut contracter lors d'un contact avec un animal (essentiellement le chat, ou plutôt la litière et ses déjections) ou des aliments contaminés (viande mal cuite, fruits et légumes crus). Il est très fréquent que l'on soit immunisé sans le savoir, c'est pourquoi la première prise de sang réalisée dans le cadre de la grossesse indique si oui ou non il faut prendre ses précautions : chez les femmes enceintes non immunisées, les conséquences peuvent être graves sur le fœtus.

> Principe à retenir : pendant la grossesse, ce n'est pas vous qui changerez la litière du chat. Le futur père voulait s'impliquer ? Voilà de quoi le satisfaire ! #missionpapa

Un si beau projet

« Je veux avoir un enfant. Je vais avoir un enfant. »

Ces mots tournent dans votre esprit. Ils résonnent. Voilà une idée vieille comme le monde, mais qui, tout d'un coup, vous semble totalement d'actualité. Si banale, et pourtant si extraordinaire, si logique et pourtant si insensée, si naturelle et pourtant si mystérieuse. Maintenant, elle apparaît comme une évidence.

« Moi, quand je serai grande, je me marierai avec Théo et on aura quatre enfants, deux chiens et une grande voiture. » Vingt ou trente ans plus tard, vous n'êtes sûrement pas mariée à Théo – vous l'avez perdu de vue en grande section de maternelle –, vous avez peut-être un chat et un scooter… pourtant, vous êtes enceinte. Ce n'est pas un conte de fées. C'est même une sacrée aventure avec des épisodes où l'on rit, d'autres où l'on pleure, certains que l'on trouve un peu longs (d'autres un peu gore !) et où l'on attend la *happy end* avec impatience.

« Et si on faisait un bébé ? »

Cela n'est sûrement pas venu comme ça, un matin en vous levant. Le désir d'enfant est un souhait qui remonte très loin, qui plonge très profond et qui résulte d'un ensemble complexe de projets personnels, d'histoires familiales, d'enchaînements d'événements, de rencontres, de hasards… Selon votre parcours, il peut surgir plus ou moins tard, avec plus ou moins d'intensité, ou ne pas surgir du tout. Vous pouvez avoir cette envie chevillée au corps avec la certitude que vous aurez plusieurs enfants et votre meilleure amie ne pas savoir du tout si elle y pensera un jour.

De plus en plus, le projet de faire naître un enfant est une démarche consciente, pensée, voire programmée, s'intégrant dans un véritable « plan de vie » allant de pair avec un idéal social, culturel et familial. Pourtant, même si ce projet semble être une décision volontaire, il est soumis à des influences inconscientes venant de son passé (« Tu verras, quand tu auras des enfants ! »), à des événements ayant façonné l'identité des futurs parents. Selon ce que l'on a vécu, son rapport à sa mère, à son père, selon l'environnement dans lequel on a grandi, les violences que l'on a peut-être subies, la place occupée dans la famille… le désir d'avoir soi-même un enfant sera différent.

Le désir d'enfant

La question « pourquoi fait-on des enfants ? » peut paraître simple, mais quand on commence à y réfléchir… elle est finalement très complexe.

Ne culpabilisez pas si vous n'avez pas envie de vous plonger dans une réflexion philosophique sur les origines de votre désir d'enfant. Trop d'émotions, trop d'interrogations vous occupent l'esprit en ce début de grossesse. On peut même dire que c'est la révolution dans votre tête ! Mais y voir un peu plus clair sur le sujet, réfléchir à la question pour dissiper tout malentendu (suis-je sûre que c'est le bon moment ?) pourrait vous rassurer, vous conforter dans vos choix, vous permettre de vivre cet épisode de votre vie en conscience et avec les pleins pouvoirs…

Prendre le temps de faire le point sur ses motivations c'est se donner le maximum de chances d'être actrice de sa vie et de sa maternité. Ça vaut le coup d'essayer !

Pour les générations précédentes – peut-être jusqu'à celle de votre grand-mère –, la question du choix ne se posait pas vraiment. L'arrivée de l'enfant était une suite logique de l'union, et on l'acceptait comme elle venait (pas toujours sans regret… mais chuuuut, cela ne se disait pas).

Quand tout est sous contrôle

Aujourd'hui, la contraception permet de vivre sans enfants et les progrès de la médecine aident à « en faire » quand la nature est défaillante : plus que jamais, les parents ont la possibilité de « choisir » le moment qui leur convient pour mettre un bébé en route. Paradoxalement, plus on se sent libre dans ce choix, plus on peut contrôler la survenue de la grossesse et de la naissance, plus on a envie de naturel, de physiologique, de pleine conscience, d'émotionnel. Face à la rationalisation, à la médicalisation… les futures mères veulent se sentir louves, ourses ou lionnes (poules, c'est moins glamour), animales et instinctives.

En parallèle, si l'enfant n'est plus vécu comme une contrainte (on choisit d'avoir un enfant pour répondre à son désir à soi, beaucoup moins pour répondre à une exigence culturelle ou sociale), il devient souvent une cause pour qui on serait prête à tout sacrifier : on lui consacre la majeure partie de son budget, on veut le meilleur pour lui, on fait passer le bonheur de son petit avant le sien... Prenez garde aux excès !

Malgré la possibilité de contrôler ses grossesses par la contraception, beaucoup de paradoxes, de mystère autour des motivations, de mélange entre le rationnel et l'irrationnel, le volontaire et l'inconscient font que le choix d'avoir un enfant reste une question profondément individuelle (en résumé, on n'est pas des robots).

L'expression qui tue

« Tomber » enceinte

Tomber amoureux, tomber malade, tomber enceinte... La langue française a parfois des nuances subtiles ! Ici, le verbe *tomber* signifie « devenir ». Mais il a une connotation négative, qui vient de l'époque où la grossesse était très risquée et souvent non désirée. Cette expression n'est vraiment pas heureuse (même si elle est tellement utilisée qu'elle passe inaperçue). Évidemment, la remplacer par « quand j'ai commencé à porter la vie » ou « quand la grande aventure de ma maternité a débuté » ne sera pas facile ! #positivemum

L'origine du désir d'enfant

Dès l'enfance, le désir de devenir mère est déjà là. Regardez une fillette et souvenez-vous de vous, petite. Elle s'identifie à sa maman, cherche à l'imiter, joue avec un poupon en s'occupant de lui comme s'il s'agissait de son enfant. Bien sûr, peut-être que vous n'avez jamais joué à la poupée, mais cela ne vous empêchera pas d'être mère !

Si on adopte la théorie freudienne (à prendre avec des pincettes) : vers 5 ans arriverait le fameux complexe d'Œdipe. Cet événement est une phase normale du développement de la personnalité de l'enfant. Il lui permet de se construire lui-même en s'identifiant aux modèles qui l'entourent, et donc à ses parents. La petite fille se détache d'elle-même et, pour se mettre dans la position de la mère, « désire un bébé de son père ».

Le désir d'enfant s'atténue ensuite durant de nombreuses années – à l'adolescence, on veut un scooter, pas un bébé – avant qu'un long processus ne se mette en place à l'âge adulte avec la volonté de procréer – à ce moment-là, on vend le scooter parce que ça ne colle plus avec un projet de bébé.

Quand l'horloge biologique s'en mêle

L'intention de donner la vie peut prendre la forme d'un désir profond, qui serait inscrit dans le corps et dans l'esprit et qu'il faudrait assouvir de façon irrépressible. La fameuse « horloge biologique » vous rappelle qu'il est temps de transmettre votre patrimoine génétique. Tata Sylviane vous le rappelle aussi : « Alors, vous n'allez pas nous faire un petit ? »

Entre 18 et 30 ans, vos hormones, votre corps sont à l'apogée de la fertilité. Votre mental envoie des messages indiquant que vous êtes prête, il y a clairement un aspect physiologique qui fait naître l'urgence. C'est « l'alerte bébé », le truc qui vous fait pleurer d'émotion en voyant un nourrisson ou qui vous donne envie de tricoter des petits gilets au point mousse. Lorsque cet appel n'obtient pas de réponse (si ce n'est pas le bon timing à cause du boulot, à cause des déplacements de votre partenaire, des difficultés de la vie), il peut devenir une frustration, se transformant parfois en souffrance psychologique.

Si c'est votre cas, vous vous retrouverez dans le témoignage de Théa :

L'idée a grandi, grandi, s'est installée et, sans devenir obsessionnelle, elle occupait la majorité de mes pensées. Comme si mon corps, mon esprit me disaient « Héh ! oh ! je suis ok ! ». Le sujet monopolisait nos discussions de copines, j'étais attirée par les magasins d'articles pour enfant... C'était une évidence.

Évidemment, au moment où votre corps vous signale que le temps est venu, le désir d'enfant naît parallèlement de l'amour entre deux êtres, du souhait de fonder une lignée commune, de s'unir dans un projet parental, de « fonder une famille ». Parfois, trouver la personne avec qui satisfaire ce désir est un parcours semé d'embûches... et le sentiment d'urgence est difficile à vivre. De même, quand le désir est partagé dans le couple et que la nature prend son temps, l'attente de la grossesse peut être mal vécue. C'était le cas de Margaux :

Il a fallu deux ans pour que Nina soit mise en route... on était tellement motivés au départ, on pensait que cela suffirait et que tout allait couler de source, comme le fruit de l'harmonie de notre couple. Tous les mois, c'était la déception. Cela a carrément créé des tensions entre nous. Heureusement, j'ai appris que j'étais enceinte au moment où nous allions commencer les examens pour trouver l'origine du problème.

Pour l'homme, c'est une autre histoire

Si le désir d'enfant est vécu de façon intime, dans sa chair, pour la femme, il ne faut pas croire qu'il est moins puissant chez l'homme. Il est simplement différent, plus abstrait, plus cérébral.

La société ne voit pas la paternité et la maternité du même œil. Si on attend d'une femme qu'elle prouve sa féminité en ayant un enfant, un homme n'aura pas besoin d'exprimer sa masculinité et sa virilité par cet acte-là. On ne dit pas « Il a eu un bébé, quel homme ! » alors qu'une femme devenue mère passe dans le camp des héroïnes du quotidien. Le plus souvent, un homme se réalise dans ses relations professionnelles, sociales et amoureuses. Le désir d'enfant naît par la suite lorsqu'il aura atteint une certaine stabilité amoureuse, professionnelle et financière : devenir père, c'est quitter l'adolescence, assumer, être responsable...

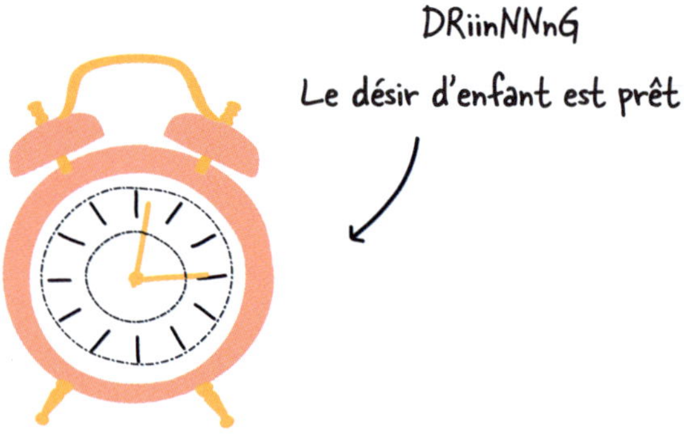

Aujourd'hui, les hommes laissent plus facilement s'exprimer leur envie « instinctive » d'être père. L'envie de protéger, d'aider à grandir, de construire une relation d'amour... Pour leurs aînés, c'était « une histoire de femmes », mais pour eux ce sera un élément essentiel de leur vie. Ton compagnon se retrouvera peut-être dans les mots de Julien :

Moi aussi j'avais une "horloge biologique" qui me disait "Pourquoi attendre d'avoir une situation plus stable ou une voiture plus confortable ?". J'avais tellement envie de concrétiser l'amour que nous vivons, de me donner un but, de me sentir utile... Tant pis si on est à l'étroit dans l'appart, on s'organise et ça nous va !

Aujourd'hui, libérée du poids des traditions, des contraintes sociales, l'envie d'avoir un enfant repose le plus souvent sur le plaisir qu'apportera l'arrivée du petit dans votre vie, ce jaillissement de joie, d'émerveillement et d'amour. La fierté de faire naître la vie, d'offrir l'existence, de sceller son couple encore plus profondément, d'accéder au statut d'adultes, sont des raisons individualistes au projet d'enfant, liées au développement de soi – il ne s'agit plus du tout d'être motivée par l'idée de repeupler la France par solidarité citoyenne !

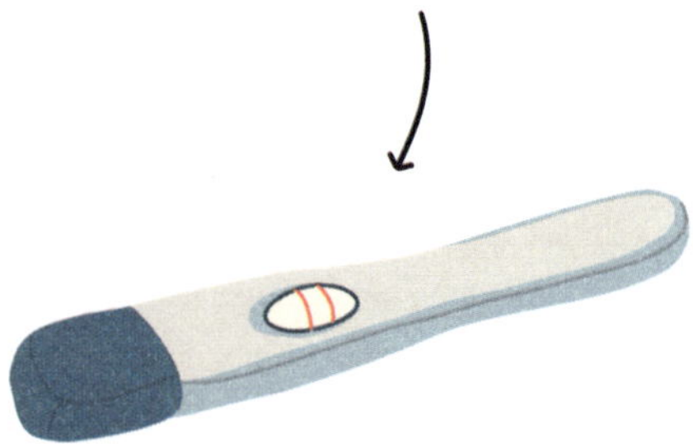

Astuce

N'ayez pas peur du psychologue

Rencontrer un spécialiste avant l'arrivée du bébé, pour vous, n'est pas une mauvaise idée ! C'est l'occasion de régler vos démons du passé. Parfois, il faut s'intéresser à la dimension psychologique du désir d'enfant quand il devient une revanche prise sur la vie, une réparation de souffrances passées ou présentes : le petit vient combler un manque, se voit investi de la mission de réussir là où le parent a échoué...

Prendre conscience de cette place qu'on risque de lui donner, c'est peut-être éviter de lui faire porter un poids qui l'encombrera toute sa vie.

Un cocktail d'émotions

La grossesse est une période de mutation profonde. Comme toutes les transitions, elle occasionne des craintes, des angoisses, elle fait ressurgir des souvenirs, des sentiments et des émotions oubliés. C'est le Big Bang dans le corps, dans la tête, dans le couple (et bientôt dans votre salon). Évidemment, les futures mères sont (le plus souvent) heureuses de porter la vie, mais elles connaissent aussi des sentiments « négatifs » et, pour ajouter une ombre au tableau, elles culpabilisent de les éprouver. Il faut oser dire que la grossesse n'est pas un chemin bordé de petites fleurs… Il est aussi semé de petits cailloux.

Règle n° 1 : arrêter de culpabiliser !

Ne soyez pas étonnée et ne culpabilisez pas si vous vivez un mix de sentiments : donner naissance à un enfant c'est également donner naissance à votre nouveau vous, une mère. Un tel changement ne se fait pas sans difficultés, sans doute et sans remise en question. Soyez bienveillante envers vous-même : vous avez besoin de vivre ces contradictions pour pouvoir avancer.

Il est normal de trouver merveilleux ce corps qui s'épanouit, mais de détester cette mutation parce qu'elle fait peur. De se voir comme une Super Woman qui a le pouvoir de créer un être vivant mais de s'angoisser pour une broutille. De se sentir pleine d'énergie mais de s'endormir à la moindre occasion. D'avoir très envie de s'investir dans son travail mais de vouloir aussi s'occuper de son bébé non-stop. D'imaginer son accouchement mais de ne pas vouloir y penser tellement on en a peur.

Ressentir ces émotions en bataille ne signifie pas que vous n'êtes pas prête (est-on jamais prête vraiment ?) ni que vous n'assumerez pas. Au contraire, cela montre que vous vous adaptez, que vous réagissez, que vous évoluez. Et ça, ce sont de belles qualités humaines.

Les émotions du père

Du côté du père, les inquiétudes et les sentiments contradictoires sont bien présents également : il est heureux d'assister à ce « miracle » mais s'inquiète pour la suite ; fier d'avoir mis en route une telle mécanique mais angoissé par ce qui se passera une fois que le bébé sera vraiment là ; ému par le ventre rond de sa compagne mais un peu mis à distance ; désireux de s'investir dans la grossesse mais ne sachant trop que faire ; attendri par certains comportements de la future mère mais agacé de ses sautes d'humeur…

Les hommes ont souvent besoin de mieux comprendre ce qui arrive à leur compagne pour pouvoir les accompagner et pour éviter des désaccords qui font du mal à tout le monde.

Pour trouver réponses à ses questions, je lui conseille de se plonger dans la lecture de *Tu vas être papa*, écrit par Cédric Rostein (et/ou d'écouter son podcast, *Papatriarcat* !).

Rien de plus normal que tout cela… mais pour vivre en toute sérénité cette étape de chamboule-tout, faire le point sur ses peurs peut aider à trouver des réponses éclairantes.

Votre bébé participe à vos émotions

Vous pensez que, dans sa bulle, votre bébé est protégé de tout, qu'il est isolé du monde, qu'il ne fait que dormir et envoyer des coups de pied ? Oh que non ! Bébé ressent des variations de goût selon l'alimentation de sa mère, développe son toucher en répondant aux caresses sur le ventre, exerce ses muscles… et, surtout, s'il n'éprouve pas d'émotions en tant que telles, il expérimente des sensations en fonction des émotions de sa mère grâce aux hormones qui diffusent les messages transmis par son corps (plaisir, angoisse, stress…) et qui sont pour lui autant d'informations sur sa vie future.

À partir de la sixième semaine de grossesse, le bébé perçoit les battements du cœur de sa mère (cette musique lui plaît beaucoup !), les vibrations des mouvements du liquide amniotique et les bruits autour de lui. Dès la douzième semaine, il peut distinguer si sa mère est nerveuse ou détendue, si elle s'adresse à lui avec amour ou si elle parle à quelqu'un d'autre. Il apprend déjà à se sentir aimé ou rejeté.

Qu'en disent les neurosciences ?

Les états émotionnels intra-utérins ont des répercussions que l'on n'imagine pas sur la vie future du bébé… Aujourd'hui, on comprend que le cerveau malléable de l'enfant va se structurer différemment selon les émotions ressenties. Les relations entre la mère, l'entourage et le fœtus ont des retentissements biologiques sur toute la construction de la personnalité de l'enfant et du futur adulte.

S'il a baigné toute la grossesse dans le stress et l'anxiété, un sentiment de rejet ou des tensions, un nourrisson a plus de chances de vivre une naissance difficile, de connaître des difficultés d'endormissement et de craindre les relations sociales. L'état d'insécurité qu'il aura connu pendant sa vie intra-utérine sera ancré en lui et l'accompagnera jusqu'à l'âge adulte.

Ayant absorbé des états émotionnels harmonieux, le nourrisson mangera et dormira mieux, résistera mieux aux maladies et deviendra une personne plus épanouie. Se sachant aimé, il pourra se développer tranquillement et sereinement.

Vous connaîtrez des moments de stress, des contrariétés, peut-être des chocs émotionnels pendant votre grossesse. Ce n'est pas pour cela que votre enfant partira mal dans la vie. Parlez-lui, expliquez-lui les choses que vous vivez en lui montrant que vous l'aimez même si vous traversez des moments difficiles, que vous avez hâte de le rencontrer et que vous avez confiance dans la nouvelle vie qui s'annonce devant vous.

NEWS
baby
IN UTERO, UNE VIE «SENSATIONNELLE»
Les scientifiques le confirment :
un bébé perçoit les émotions de sa mère !

Hmm, c'est bon ça ! Et maintenant, un peu plus à gauche

Peurs courantes et anxiété

Le début de la grossesse est donc le bon moment pour balayer un maximum de questions angoissantes, de doutes, de peurs… pour que le papa vive bien la situation, qu'il soit soutenant et impliqué et que vous soyez la plus détendue, la plus épanouie, la plus positive possible pendant tout le temps où vous serez en osmose avec le bébé (si cela se passe comme ça pendant qu'il est dans votre ventre, cela continuera après sa naissance).

Des troubles anxieux puissants peuvent malheureusement se déclarer et perturber profondément le bien-être de la future maman : si vous pleurez beaucoup, êtes paralysée par vos angoisses, vous sentez incapable d'assumer, etc., n'hésitez pas à en parler à votre médecin pour ne pas vous laisser envahir et trouver une solution efficace.

Si les interrogations varient d'un trimestre à l'autre (au début de la grossesse, on est plus angoissée par l'idée de perdre le bébé, à la fin, par l'accouchement), il y a de grands classiques dans les angoisses maternelles. Petit tour d'horizon.

Être ou ne pas être… une bonne mère

La question fait sûrement partie du top 5 des angoisses… Toutes les femmes enceintes – et tous les futurs pères – se la posent ! D'ailleurs, qu'est-ce que c'est qu'être une « bonne mère » ou « un bon père » ? Existe-t-il un modèle déposé ? Une mesure étalon à laquelle se comparer ?

Ce qui compte sans doute le plus, c'est de lister les valeurs qui sont pour vous essentielles et d'établir votre propre définition : faire de mon enfant une personne construite, libre, autonome, épanouie, confiante ; l'aider dans toutes les circonstances de la vie, l'accompagner, le conseiller, le protéger, etc.

Souvent, cela passe par l'analyse de sa propre enfance, de son propre rapport à sa mère et à son père afin de savoir ce que l'on a envie de reproduire ou, au contraire, ce que l'on a envie de faire différemment.

Vous pourrez profiter de ce moment pour interroger votre mère, ou les autres femmes de votre famille (#sororité). Ce ne sont pas forcément des sujets sur lesquels on échange beaucoup mais là, l'occasion est toute trouvée pour apprendre comment les choses se sont jouées pour elles, pour suivre le fil de l'histoire familiale et ainsi trouver sa propre place dans cette lignée.

Peut-être voudrez-vous faire les choses totalement différemment, peut-être aurez-vous le choix alors qu'elles ne l'avaient pas... Ce sont des éléments intéressants pour forger votre propre vision de la maternité, pour construire votre nouvelle identité.

Astuce

Créez votre propre modèle !

Le modèle venu du passé veut nous peindre la mère idéale comme étant celle qui s'occupe de son enfant, qui dissout sa vie de femme dans celle de la mère... Même si les générations qui vous précèdent ont déjà déconstruit cette image de la « mère sacrificielle », elle reste ancrée dans les mentalités et cela peut demander une vraie affirmation de soi pour définir sa propre vision de la maternité.

Vous pouvez écrire une autre histoire, et cela ne fera pas de vous une mauvaise mère. Vous pourrez continuer à avoir une vie, vos enfants vous en seront reconnaissants (le sacrifice n'est pas un modèle qui fait rêver). Vous pourrez faire des erreurs, être imparfaite, rebondir : voilà un exemple motivant, rassurant et soutenant pour un enfant !

À vos questions !

Il y a un aspect positif au fait de s'interroger : ces inquiétudes poussent à éviter les comportements à risque, augmentent le sens des responsabilités, aident à organiser l'arrivée de bébé et c'est très bien ainsi. Imaginez un peu celle qui ne douterait de rien, ne se remettrait jamais en question, ne préparerait rien en se disant « Je vais gérer ». Rassurez-vous : il n'y a pas de parent parfait, il n'y a pas d'enfant parfait.

D'ailleurs, des parents qui seraient « parfaits » donneraient à l'enfant un modèle inaccessible, une pression dingue pour lui ! Vous serez la meilleure mère imaginable/le meilleur père qui soit pour votre enfant : vous ferez au mieux avec vos compétences, vous ferez le moins mal possible !

On sait qu'environ 15 % des grossesses ne vont pas à terme et que les fausses couches sont suffisamment fréquentes pour en avoir peur. Nombre d'entre elles surviennent alors que la femme n'est même pas au courant de sa grossesse mais celles qui arrivent dans les trois premiers mois, ou plus tard, sont vécues de façon très douloureuses émotionnellement. La future mère met en doute ses capacités à recommencer une grossesse, ce qui est particulièrement difficile si elle connaît des problèmes de fertilité.

Évidemment, c'est un risque dont il faut tenir compte puisque cela arrive assez souvent pour être perçu comme un danger. Pourtant, il faut intégrer le fait que si la fausse couche survient, c'est que l'enfant n'était pas viable : cela n'atténue pas la douleur de la perte, mais cela permet au moins de ne pas culpabiliser. Enceinte de huit mois, Marie nous partage ces mots :

J'ai connu deux fausses couches, assez précoces. J'avais quand même eu le temps de me réjouir, de rêver... et, par deux fois, le couperet qui tombe. J'ai eu beaucoup de mal à arrêter de penser que j'étais la cause de ces échecs... mais maintenant que ma grossesse se passe bien, je me dis qu'il s'agissait d'accidents, et que je n'en suis pas responsable.

La peur d'accoucher

À l'approche de la naissance, cette angoisse fait légitimement son apparition. Si toutes les femmes sont anxieuses puisqu'elles sont au-devant d'une expérience nouvelle dont on leur a souvent fait des récits apocalyptiques (il faudrait faire une étude sociologique sur le plaisir qu'éprouvent les mères à raconter les détails gore de leurs accouchements plutôt que les jolis moments ! voir page 140), certaines développent une vraie phobie. La peur de l'inconnu, celle de ne pas contrôler les événements, de ne pas supporter la douleur… créent des inquiétudes tout à fait normales.

Que faire ?

Face à l'inconnu, s'informer est la meilleure façon de relativiser cette peur de la délivrance : poser toutes ses questions à ceux qui vont vous accompagner (sage-femme, médecin, anesthésiste…), suivre une préparation à l'accouchement, apprendre à respirer et à se relaxer, échanger avec des mères pour qui l'expérience a été positive, partager ses ressentis avec son partenaire… sont autant de moyens de diminuer l'appréhension.

Votre corps change

Il faut bien l'admettre, vous ne redeviendrez pas celle que vous étiez ! Vous allez changer de statut, avoir un nouveau rôle, voir vos priorités redéfinies… Évidemment, on sait bien ce qui se cache derrière cette peur : l'angoisse de ne pas retrouver son corps, d'être abîmée…

Que faire ?

Tout d'abord ce n'est pas une fatalité ! La prise de poids peut être maîtrisée, l'activité physique peut aider à retrouver sa silhouette… mais il est indéniable que les choses ne seront plus jamais « comme avant ».

Sur Instagram, les influenceuses ont l'air d'avoir effacé toutes les traces de leur grossesse au bout d'un mois… Chez vous, cela mettra beaucoup plus de temps – l'adage dit qu'il a fallu neuf mois pour que votre corps se modifie et qu'il en faudra autant pour faire le chemin en sens inverse. L'essentiel ne sera pas de vouloir à tout prix retrouver une taille de jeune fille, mais d'accepter votre nouveau corps, d'apprendre à l'aimer, de l'admirer pour le travail inouï qu'il vient d'accomplir. De faire le deuil du « corps d'avant » pour commencer une histoire d'amour avec son corps de mère.
#bienveillance #postpartumbody

Imagine s'il ne s'entend pas avec mon chinchilla ?
Il va sortir tout fripé ?
Je vais vraiment faire caca pendant l'accouchement ?
Et s'ils intervertissent les bébés à l'hôpital ?
Super Woman
Super Angoissée

Désir et sexualité

Il en est de même pour l'évolution du désir au sein du couple. Il faut être réaliste : les choses vont changer. Vous aurez souvent autre chose en tête, vous serez fatigués, aurez de nouveaux sujets de préoccupation… Pas toujours facile d'envisager une folle nuit d'amour alors qu'il faut donner la tétée toutes les trois heures.

Que faire ?

Là encore, la fausse bonne idée est de comparer l'après avec l'avant ou de chercher à le retrouver. Il va falloir réinventer quelque chose, se créer des moments d'intimité, chercher des occasions de se retrouver : une nouvelle manière de vivre en couple et d'entretenir l'amour. Une belle façon de montrer votre capacité à vous adapter et à créer votre nouveau « vous ».

Met-on un enfant au monde pour participer à un concours de beauté ? Nous vivons dans une société où l'injonction de réussite se fixe même sur le nourrisson : nous devons donner naissance à un bébé parfait et le montrer. Pourtant, il faut dire qu'il existe souvent un décalage entre l'enfant fantasmé et l'enfant réel : la publicité, les réseaux sociaux nous montrent des bébés à la peau lisse, aux yeux bleus grands ouverts, aux cuisses replètes…

Soyez consciente d'une chose : il se peut que votre bébé soit marqué par l'accouchement et ne soit pas au top de sa beauté dès le départ. Sa tête ou son visage peuvent avoir été un peu déformés par les ventouses ou les forceps parfois nécessaires, avoir les yeux bouffis, des croûtes de lait, ou même des poils sur le corps…

Et puis le fait de trouver momentanément votre enfant moche ne fait pas de vous une mauvaise mère ou une marâtre incapable d'aimer, c'est juste le signe qu'il existe une émotion conflictuelle, un malaise face à votre nouveau statut.

Le mythe du coup de foudre

Il existe un mythe selon lequel, à la naissance, les mères tomberaient en amour devant leur enfant, se sentant instantanément envahies d'amour maternel. Si pour certaines l'attachement est immédiat, pour d'autres, en revanche, il peut prendre plus de temps. Parfois l'accouchement est difficile (césarienne en urgence, hémorragie, séparation de la mère et de l'enfant pour des examens, etc.) et cela peut ralentir le processus d'attachement. Parfois, l'accouchement se passe très bien et l'attachement n'est pas instantané non plus.

Ce sentiment de rejet peut s'expliquer non pas par le physique de l'enfant, mais par le sentiment de culpabilité, la douleur ou l'angoisse liées à l'accouchement. Tous ces désagréments se dissipent au bout de quelques jours et le lien mère-enfant s'établit progressivement. Ce qui vous mettra en amour, ce ne sera pas forcément la couleur de ses yeux ou la finesse de ses traits. C'est le fait qu'il est totalement extraordinaire, tellement singulier, tellement unique : comment ne pas être raide dingue de cela ?

Help !

Ce sentiment de rejet ne passe pas

Il est des cas plus difficiles de troubles relationnels dès la naissance qui nécessitent une prise en charge psychologique. Lorsque l'angoisse est trop envahissante, que la déprime s'installe, il faut oser en parler, ne pas garder la souffrance pour soi en pensant que l'on est une mauvaise mère. En vous faisant aider, vous prendrez au contraire vos responsabilités de maman à bras-le-corps. Rendez-vous à la page 148 pour comprendre les symptômes de la dépression du post-partum.

Pensez-y : de nombreuses personnes seront également autour de vous pour vous apporter de l'aide et du soutien. Pour aller plus loin, rendez-vous pages 179 et 180.

Après le marathon de la grossesse, vous savez bien qu'un autre défi vous attend ! Finalement, ces neuf mois vous sembleront bien tranquilles une fois que le bébé sera là... La peur de ne pas être à la hauteur dans son nouveau rôle de maman est un grand classique, comme chaque fois que l'on se retrouve face à une situation inconnue – bien souvent, votre enfant est le premier bébé que vous côtoyez !

« Est-ce que je vais comprendre ce dont il a besoin ? », « Est-ce que je vais savoir gérer la fatigue et être opérationnelle pour tout ce qu'il y a à faire ? », « Est-ce que je vais arriver à garder cinq minutes pour moi (pour prendre une douche) ? » On ne va pas se mentir, il y aura forcément des moments où vous serez débordée, où le linge à laver s'accumulera, où les pleurs seront incompréhensibles, où vous ne ressemblerez à... rien. Mais il existe des solutions, des stratégies à mettre en place. Une organisation efficace permet de traverser cette période un peu chaotique des premiers temps avec le nouveau-né.

Communiquer avant l'arrivée du bébé

Réfléchir à ses principes d'éducation alors que le petit n'est pas encore là, c'est abstrait et peu adapté à la réalité. « *Avant, j'avais des principes, maintenant, j'ai des enfants* » est une phrase que tous les parents peuvent valider !

Avec l'annonce de la grossesse, on est déjà tellement secoués... Pour l'instant, on ne se projette pas très loin (ces neuf mois paraissent si longs...) et l'idée d'avoir un bébé est suffisamment déstabilisante pour ne pas avoir envie de voir plus loin. Logiquement, on pourrait croire que, grâce à l'amour, à la volonté commune d'avoir un enfant, le partage des responsabilités, les décisions à prendre, les choix à faire au sujet du bébé vont couler de source. « *On s'aime, alors on sera d'accord !* » Non ?

Dans les faits, comme tout le monde : vous avez déjà du mal à vous entendre sur la prochaine série à regarder. Ou sur le resto à choisir pour se faire livrer. Alors, qu'est-ce que ça sera quand il faudra trancher sur des décisions liées à l'éducation de la « chair de votre chair »...

Gare au baby clash

Jusqu'à présent, les différences de point de vue dans le couple semblaient enrichissantes et finalement pas très engageantes. Manger mexicain plutôt que libanais n'avait pas vraiment de conséquences sur votre avenir. Mais si l'enfant arrive et que l'on se rend compte que son partenaire a des principes éducatifs bien différents des siens... ça devient tout de suite délicat.

Combien de couples réalisent, une fois qu'ils sont face à des situations concrètes, des choix à opérer pour l'éducation de leur enfant, qu'ils n'ont pas du tout la même vision des choses ! Et combien d'entre eux voient leur histoire se fissurer puis finir par s'éteindre à cause de ces petites choses du quotidien qui n'avaient pas été anticipées... Évidemment, vous ne décidez pas de fonder une famille pour la voir se déchirer à peine née... Pourtant, ces malentendus ou plutôt ce manque d'entente préalable sont souvent dévastateurs. Il est utile et nécessaire de faire le point sur quelques notions essentielles pour éviter le « baby clash ».

Former une équipe

Faire le point sur ses valeurs, sur les grandes lignes de ses principes éducatifs est d'un grand secours : écouter les ressentis de l'autre, expliquer les siens, échanger, voilà toujours une voie qui mène à l'harmonie. L'idée est de discuter à l'avance, de se mettre d'accord en amont pour que l'enfant ne soit pas perplexe face à deux sons de cloche (à terme, cela peut être très angoissant pour lui de se sentir toujours en porte-à-faux) et surtout de se préserver de désaccords qui peuvent être nuisibles pour le couple déjà fragilisé par son évolution en couple parental. C'est le moment de vous mettre d'accord sur un « projet parental ».

Il consiste à discuter puis à transformer votre désir commun en volonté, en planification et en optimisation quant au choix de concevoir, aux conditions idéales de la naissance et aux moyens qui assureront la réussite dans le temps de votre parentalité.

Bien sûr, il ne s'agit pas de signer un contrat où l'on prendrait des décisions définitives, mais d'ouvrir la discussion pour que chacun puisse exposer sa vision des choses de façon à trouver un terrain d'entente qui soit satisfaisant pour les deux. Face à la réalité du quotidien, les décisions peuvent évoluer (ce qui est très sain d'ailleurs !), l'essentiel étant de discuter des difficultés rencontrées, de ne pas les laisser s'envenimer et de trouver une solution adaptée.

Comment ça se passe chez les voisins ?

Bien souvent, c'est en voyant comment ça se passe ailleurs, chez les amis devenus parents, que l'on se forge sa propre opinion. D'ailleurs, l'exemple des autres sert souvent de modèle à ne pas reproduire : on se dit toujours que l'on fera mieux que ça ! On peut vous laisser vous bercer d'illusions, mais on peut aussi vous prévenir : vous ne ferez pas mieux, vous ferez du mieux que vous pourrez. C'est ce que nous dit Bérangère :

J'étais très perplexe devant l'éducation que ma belle-sœur donnait à ses enfants. Aucune limite, pas de cadre... On en a beaucoup parlé avec mon mari, qui, lui non plus, ne comprenait pas ce que faisait sa sœur... Cela nous a donné l'occasion de beaucoup échanger sur notre vision des choses et notre envie commune de donner une éducation très à l'écoute de l'enfant mais pas en total free style.

Réfléchir à ses principes d'éducation, c'est essentiellement repenser à sa propre éducation, à ce que vos parents vous ont inculqué comme valeurs, comme habitudes… et se positionner par rapport à ces éléments-là. Désirer les reproduire parce que l'on approuve cet héritage reçu ou vouloir faire différemment parce que cela n'a pas été probant. Que ce soit face à vos amis ou à vos propres parents, prenez le temps de comprendre la position de l'autre : comment a-t-il été élevé ? Pourquoi est-il assez permissif ou, au contraire, assez rigide ?

La perspective d'avoir un enfant à élever donne l'occasion de faire le point, de s'aider l'un l'autre à comprendre des blocages ou des difficultés. L'idée est de déterminer et de rassembler tout ce qui a fonctionné chez les deux parties afin de garder le meilleur et de cocréer un modèle éducatif.

Réfléchir ainsi à deux est également un bon moyen pour le futur père de rendre la grossesse beaucoup plus concrète, de se sentir plus concerné et de prendre conscience des enjeux qui vont se jouer après la naissance. Si, pour lui, la nouvelle géométrie de la famille est encore virtuelle, s'interroger sur ces sujets permet de s'ancrer dans la réalité.

Quels sont les sujets à évoquer ?

Les longs mois de grossesse qui vous attendent seront bien utiles pour passer en revue tout cet éventail de thèmes. Si vous êtes à court d'idées ou que vous avez besoin d'une petite aide pour lancer le débat, je vous donne quelques pistes à explorer. (Pas de panique, si vous ne comprenez pas certaines questions… c'est normal ! Vous en êtes sûrement au tout début de votre parentalité – et c'est d'ailleurs pour ça que vous tenez ce livre entre vos mains. Si vous vous sentez submergée, revenez-y après la lecture de cet ouvrage !)

- Pendant la grossesse et ensuite, qui va faire quoi ?
- Comment va-t-on faire pour garder une vie personnelle ? S'octroyer des moments à soi ? On s'autorise une sortie/une activité par semaine en solo ?
- Comment allons-nous reprendre notre vie intime ?
- Que fait-on au sujet des dépenses relatives à notre enfant ? On partage ?
- Allaitement ? Biberon ?
- Sommeil de l'enfant : le cododo, tu as envie ? Qui se lève la nuit ? Plus tard, on le laissera venir dans notre lit ?
- Quel mode de garde pour les premiers mois ? Et ensuite ?
- Quelle place laisse-t-on aux grands-parents dans l'éducation ? Est-ce qu'on leur demande de s'occuper du bébé régulièrement ?
- Les écrans ? Les ondes ? On en pense quoi ?
- L'alimentation : aller vers le bio ? le fait maison ? S'il n'aime pas, est-ce qu'on lui demande de manger quand même ?
- Quelle école pour lui ? Privée, publique, ou les méthodes alternatives ?
- Quelle place accorder à la religion ?
- Allons-nous utiliser des médecines parallèles ?
- Et si on devait se séparer ? Quel mode de garde ?

Communiquer, échanger, adopter une vision commune est une façon d'aborder les problèmes qui pourra être appliquée tout au long de l'éducation de votre enfant… parce que les questions ne vont pas s'arrêter de sitôt ! Vous vous demanderez aussi bientôt à quel âge lui offrir son propre portable ; quand lui autoriser l'accès aux réseaux sociaux ; s'il aura le droit d'avoir un scooter ou un piercing… La liste est sans fin !

* DME : Diversification alimentaire Menée par l'Enfant.

Neuf mois de changement

Pendant ces neuf mois, vous allez vivre une véritable révolution : votre corps va fabriquer un autre être vivant ! Phénomène à la fois extrêmement naturel et à chaque fois extraordinaire… que vous aurez envie d'observer, de comprendre et de vivre pleinement à chaque instant. Vous allez certainement être un peu perdue face à tout ce qui se passe en vous. Vous aurez beaucoup de questions, et ressentirez de l'inquiétude face à des signaux nouveaux : « C'est normal, ça ? »

Bien qu'elle soit rythmée par des examens médicaux qui vous donneront beaucoup d'informations sur votre santé et celle de votre bébé, cette période sera pleine de découvertes et d'émerveillement. Vous entamez une lente évolution de votre corps et de votre esprit, vous allez vivre la naissance de votre enfant mais aussi et surtout la vôtre : celle d'une mère.

Pour satisfaire votre curiosité (et celle du papa, qui vit la grossesse de façon très virtuelle), et pour vous rassurer face à toutes ces questions, suivons l'évolution de votre #babybump de près !

Le cahier de suivi de grossesse

Il va s'en passer des choses en neuf mois ! À partir de simples cellules microscopiques, un être humain va voir le jour. Un vrai film de science-fiction se déroule dans votre ventre ! Le problème, c'est que vous ne pouvez pas voir ce qui se passe à l'intérieur. Pourtant, vous aimeriez bien avoir une webcam pour pouvoir regarder le programme en continu ! Du coup, vous vous posez dix mille questions et, surtout, vous vous imaginez quantité de scenarii.

Comme vous suivez les épisodes de votre série préférée, vous allez adorer savoir ce qui se passe pour votre bébé et pour vous mois après mois… Tout cela est si mystérieux ! (Même si, sans vraiment vous spoiler, vous connaissez déjà la fin !)

Comprendre les phénomènes permet d'être rassurée : savoir que l'on est essoufflée parce qu'une grande quantité d'oxygène est utilisée par son bébé, ou que les nausées sont dues aux hormones qui lui permettent de s'installer, les rend plus faciles à accepter.

Ici, je vais décrypter ce qu'il se passe pour vous comme pour votre bébé mois après mois, afin de vous permettre d'avoir une vision d'ensemble sur ce qui vous attend. Seule ou à deux, vous allez pouvoir découvrir les démarches administratives et les examens médicaux qui vont ponctuer cette belle aventure. C'est rassurant de ne pas avancer dans l'inconnu, il y en a déjà tellement dans cette histoire !

Premier mois, de 3 à 6 SA : le Big Bang !

Du côté du bébé

Dès les premières minutes, après la rencontre entre l'ovule et le spermatozoïde, le développement de la cellule est phénoménal : elle se divise, se multiplie et va migrer de la trompe de Fallope vers la muqueuse de l'utérus pour s'y fixer et s'y enfoncer. On appelle cela la « nidation ».

Au cours de la deuxième semaine de grossesse, l'œuf continue à grandir et les cellules commencent à s'organiser, formant deux couches : l'une de ces couches, accrochée à la paroi de l'utérus, deviendra le bébé, l'autre sera le placenta dont le rôle est de faire le lien entre la mère et l'enfant pour lui apporter les nutriments, l'oxygène et tout ce dont il a besoin pour se développer.

Pendant la troisième semaine, la multiplication et la différenciation des cellules continuent tambour battant : la taille de l'embryon double. Une troisième couche de cellules apparaît, et tous les futurs organes se mettent déjà en place.

La semaine suivante, les bourgeons des membres sont déjà présents, le système nerveux se met en place, le cœur commence à battre, l'embryon contenu dans sa poche amniotique se voit à l'échographie : il fait déjà 5 millimètres... mais prend déjà beaucoup de place dans votre vie !

De votre côté

Un véritable tsunami hormonal va vous emporter ! Selon votre sensibilité et l'écoute que vous portez à vos ressentis, vous allez déceler des signes qui vous mettront en alerte. Certaines « sentent » qu'il se passe quelque chose, d'autres ne voient aucune différence... Seins tendus, fatigue, humeur irritable, nausées (les fameuses !), petits saignements (cela peut arriver au moment où l'embryon s'implante dans la muqueuse utérine) et, évidemment, retard de règles... sont autant d'indices qui vous alertent.

Ce que vous pouvez faire

Un test de grossesse urinaire, c'est un formidable moyen de vous ôter d'un doute (le souvenir de ces quelques minutes d'attente restera sûrement gravé dans votre mémoire au rayon « séquence émotion » !). N'hésitez pas à le confirmer par une analyse de sang pour connaître votre taux d'hormone de grossesse et pouvoir suivre sa progression ensuite. Vous avez sûrement envie d'en parler très vite à un professionnel de santé ; vous pouvez consulter un gynécologue ou une sage-femme sans passer par votre médecin traitant !

La grossesse peut être suivie en ville, à l'hôpital ou dans un centre de protection maternelle et infantile (PMI). En général, un bilan complet est prescrit : toxoplasmose, VIH, hépatite B, rubéole, etc. Selon les résultats, un suivi médical sera mis en place. On effectue également un dosage de l'hormone de grossesse HCG.

Renseignez-vous rapidement sur le cadre où vous voulez accoucher (maternité de l'hôpital, maison de naissance, etc.) : cela semble très prématuré, mais c'est une démarche à laquelle il faut s'atteler au plus tôt, notamment dans les grandes villes où les établissements publics ont des listes d'attente... (pour en savoir plus, voir page 105).

6e SA, votre bébé fait la taille d'une graine de pavot

Deuxième mois, de 7 à 10 SA : développement en mode turbo !

Du côté du bébé

On peut repérer la future tête (et la distinguer de l'autre extrémité !) et les organes se développent. Bientôt, les premiers mouvements vont être visibles. L'appareil digestif se met en place. À la fin du mois, toutes les structures sont déjà en place à l'état d'ébauche : le cerveau et le visage (le nez, les oreilles, la bouche et même la langue !) sont formés. La tête représente la moitié de son corps, le cœur a ses quatre ventricules et on peut l'entendre battre (nouvelle séquence émotion !), le système veineux est installé, les globes oculaires sont là. Déjà, il mesure 3 centimètres ! Mais navrée de vous décevoir : on ne voit encore rien de l'extérieur.

De votre côté

Vous pensiez savoir ce que c'était qu'être fatiguée ? Eh bien non, vous ne saviez pas ! Vous somnolez, vous avez l'impression qu'on vous pompe votre énergie de l'intérieur... Normal, c'est le cas ! Parallèlement, vous pouvez avoir des insomnies... C'est le grand n'importe quoi. Les désagréments bien connus s'installent : nausées, constipation, hypersalivation, aigreurs d'estomac... Certaines femmes n'en connaissent aucun, d'autres les ont tous.

C'est un peu la loterie et c'est très différent d'une grossesse à une autre… Espérons que vous tirerez le bon numéro !

Comme l'utérus se développe et appuie sur la vessie, vous avez très souvent envie de faire pipi. Enceinte, vous allez passer pro pour repérer les toilettes disponibles autour de vous !

Ce que vous pouvez faire

Cela peut paraître extrêmement prématuré… mais commencez à vous renseigner pour les modes de garde. Certaines assistantes maternelles sont si débordées qu'il convient de les contacter très tôt. D'ailleurs, n'hésitez pas à confier cette charge au papa (#missionpapa) !

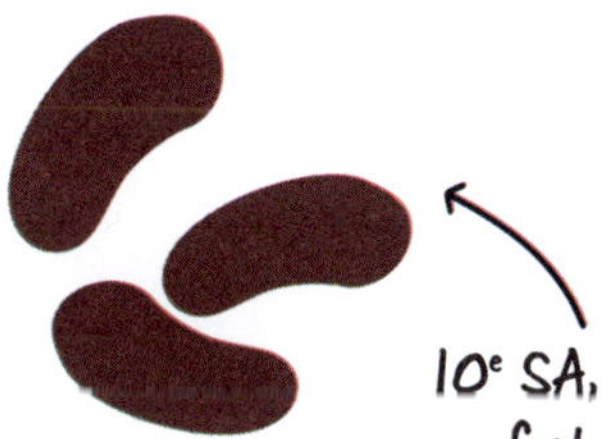

10e SA, votre bébé fait la taille d'un haricot rouge

12e SA, votre bébé fait la taille d'une cerise

Troisième mois, de 11 à 15 SA : discret mais opérationnel

Du côté du bébé

Son poids va se multiplier par dix, passant de 10 à 100 grammes ! Heureusement, il n'en est pas de même pour vous ! Les organes continuent à se différencier, les oreilles apparaissent, l'ossification commence, le sexe est identifiable (il sera confirmé autour de 24 semaines d'aménorrhée). Le fœtus bouge ses membres : il entraîne ainsi ses articulations. À partir de maintenant, tout est là à l'état d'ébauche.

De votre côté

Certaines se sentent toujours aussi fatiguées, d'autres commencent à souffler un peu… Dans tous les cas, votre respiration s'accélère à cause de l'augmentation de la pression artérielle. Il faut sûrement changer de soutien-gorge pour être plus à l'aise et, si l'on n'a pas encore pris de poids et que le ventre n'est pas encore vraiment visible, les hanches commencent à s'élargir.

Ce que vous pouvez faire

Prenez rendez-vous chez le gynécologue ou la sage-femme pour confirmer votre grossesse, la déclarer à la CAF – le médecin ou la sage-femme peuvent s'en charger – et commencer le suivi de grossesse.

N'oubliez pas de prévenir votre employeur et de prévoir votre congé maternité (ça vaut aussi pour le congé paternité... et le papa). C'est aussi le moment de l'échographie de datation (voir plus bas) : la mesure de la clarté nucale (petit espace situé à l'arrière de la nuque) pourra être complétée par une analyse des marqueurs sériques dans le sang afin d'évaluer les risques de maladies chromosomiques, notamment la trisomie 21.

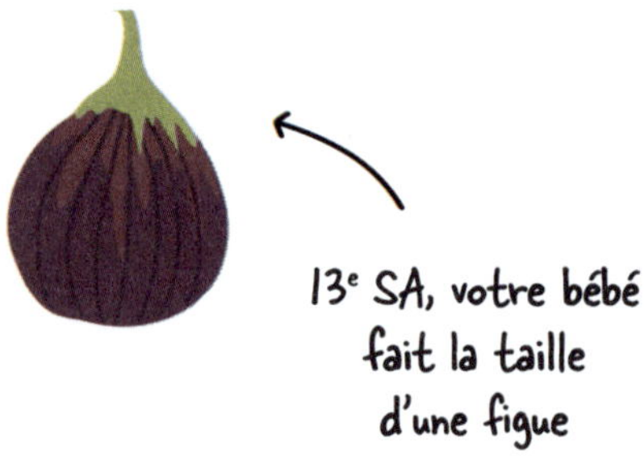

Quatrième mois, entre 16 et 19 SA : il apprend déjà !

Du côté du bébé

Les organes sensoriels fonctionnent. Bébé peut faire la différence entre les goûts sucré, salé, amer et acide, selon votre alimentation. Il entend les battements de votre cœur, est sensible aux vibrations qui lui parviennent. Vos émotions sont des informations pour lui : il perçoit le stress, qui provoque un changement de rythme cardiaque et la production d'hormones, il ressent votre bien-être. On ne sait pas s'il ressent lui-même des émotions, en tous les cas il est sensible aux vôtres car elles modifient son comportement. Le système nerveux se perfectionne ! Il commence à se faire beau : il a des cheveux, des cils, des ongles ! Tout fonctionne très bien : il boit du liquide amniotique et fait pipi... et son premier caca se prépare, il s'agit du méconium qu'il expulsera très vite après la naissance.

De votre côté

Vous êtes en forme ! Les petits maux du début de la grossesse se sont calmés et vous pouvez profiter d'une période agréable où vous pouvez bouger encore facilement. Votre ventre s'est un peu arrondi, vos hanches continuent à s'ouvrir. En général, on garde le silence sur sa grossesse pendant les trois premiers mois, le temps que les risques de fausse couche soient écartés : maintenant, vous pouvez arborer fièrement votre nouvel état !

Vous avez bonne mine : les œstrogènes dilatent les vaisseaux sanguins, la peau est mieux irriguée et semble lumineuse. Mais vous pouvez également voir apparaître des boutons ou des taches brunes (le « masque de grossesse ») causés par une pigmentation chamboulée par les hormones... Hydratez la peau de votre visage (ajoutez une protection anti-UV) et de votre corps au maximum. Vos cheveux sont beaux et brillants (merci les hormones) : leur chute naturelle est bloquée, vous avez l'impression d'avoir un volume bigoudi (malheureusement, ils tomberont après l'accouchement).

17e SA, votre bébé fait la taille d'une pomme

Ce que vous pouvez faire

Il faut maintenant commencer à réfléchir à la préparation à l'accouchement : un entretien prénatal précoce (EPP) avec la sage-femme permet de poser toutes les questions qui vous angoissent, de parler de vos craintes et de réfléchir à vos souhaits.

19e SA, votre bébé fait la taille d'un navet

Cinquième mois, entre 20 et 24 SA : quelle ambiance !

Du côté du bébé

C'est la fête dans le babybump ! Il a bien grandi : à la fin du mois il mesurera environ 25 centimètres et pèsera environ 500 grammes mais il a encore plein de place (bientôt il ne pourra plus bouger, occupant toute la cavité utérine), alors il s'en donne à cœur joie… Il bouge tous ses membres, joue avec le cordon ombilical. Que d'exercices quand il ne dort pas ! (On ne va pas se mentir, c'est quand même ce qui l'occupe la majorité du temps.) Comme il baigne dans du liquide, il est un peu flétri… mais il est recouvert d'une couche protectrice blanchâtre, appelée vernix caseosa. Un petit garçon produit déjà des spermatozoïdes et une petite fille a déjà son stock de cellules reproductives.

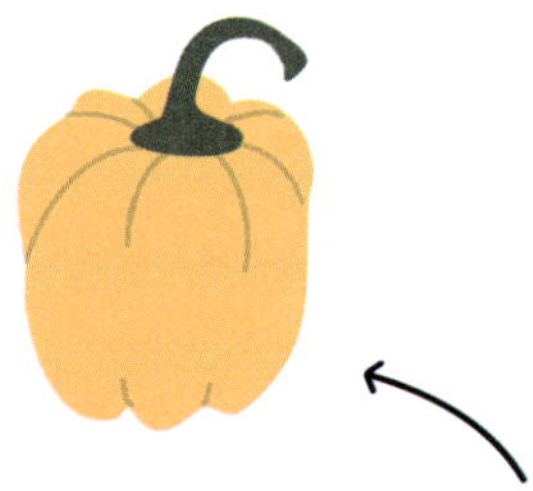

20e SA, votre bébé fait la taille d'un poivron

De votre côté

Vous vous sentez bien, c'est une période sereine, vous avez même un regain de libido. Mais de nouveaux petits désagréments font leur apparition : vous pouvez avoir des vertiges, les jambes gonflées, les gencives sensibles… Les ligaments s'étirent, des douleurs dorsales vous ennuient un peu. Un ostéopathe peut vous aider à passer cette période plus facilement.

Quelle est cette sensation nouvelle ? Comme des bulles dans votre ventre ? Ce sont les mouvements de bébé que vous commencez à découvrir. Pour l'instant, c'est léger et furtif… mais cela va s'intensifier.

Ce que vous pouvez faire

Vous allez passer la deuxième échographie, quelle émotion ! Si vous le souhaitez, vous allez pouvoir connaître le sexe du bébé : prévenez la personne qui réalise l'échographie dès le début du rendez-vous pour que votre choix soit respecté. Parfois, on voit quelque chose dépasser, même si le médecin se tait… La surprise tombe à l'eau ! Du côté administratif, il est temps de se renseigner auprès de sa mutuelle pour connaître la prise en charge de son séjour en maternité.

Est-ce qu'on veut connaître le sexe du bébé ?

« OUI ! »

▶ Pour certains parents, connaître le sexe est indispensable : le fait de savoir permet de rendre sa présence encore plus concrète. On ne pense pas au « bébé » mais à sa fille ou à son fils, on s'adresse à elle ou à lui de façon plus personnalisée.

▶ Le choix du prénom est facilité : on peut déjà rayer une moitié de la liste ! (Parfois, cela n'arrange rien. On avait trouvé le prénom pour le sexe opposé et on sèche toujours pour l'autre...)

▶ Ceux qui veulent se faire plaisir en achetant des vêtements spécifiques (plutôt fille ou plutôt garçon) peuvent se régaler.

▶ C'est parfois difficile à admettre, mais certains sont déçus par le sexe du bébé à venir (la préférence pour un garçon en premier-né est encore très ancrée culturellement). Le fait de connaître le sexe permet de se réjouir à l'avance ou bien de se faire à l'idée et d'accueillir le bébé dans les meilleures conditions possibles à son arrivée.

« NON ! »

▶ La vie réserve peu de surprises aussi importantes, alors certains ne veulent pas la gâcher... et résistent à la curiosité jusqu'à la grande révélation !

▶ Cette option permet de repousser les stéréotypes genrés : ceux qui voudront vous faire des cadeaux feront dans le neutre !

▶ On peut éviter les commentaires de ceux qui ont toujours quelque chose à dire (« Oh, un petit mec, il va falloir te mettre au foot ! »). Vous éviterez d'entendre ces remarques bien clichées, au moins pendant la grossesse. Malheureusement, attendez-vous à ce que ces mêmes personnes aient quelque chose à dire sur le fait que vous vouliez garder la surprise...

▶ Ne pas savoir permet de jouer ! On ressort toutes les recettes divinatoires de grand-mère (la forme du ventre, le lancer de cuillère en bois, la poussée d'acné, les nausées...) et on lance les paris ! Probabilité de gagner... 50 % !

Une chambre verte ? Mais… c'est un garçon ou une fille ?
Ah non, rien à voir, c'est ma couleur préférée.
love

Sixième mois, entre 25 et 28 SA : vitesse de croisière

Du côté du bébé

Toutes les fonctions se peaufinent ! Les dents de lait prennent place dans la mâchoire et les yeux vont bientôt s'ouvrir (les paupières commencent à se séparer). Les sens continuent à s'affiner : bébé goûte, il voit, sa peau lui envoie des informations sur le monde qui l'entoure. Ses poumons sont en pleine évolution, les alvéoles sont formées et elles se remplissent de liquide amniotique dans des mouvements d'inspiration/expiration qui sont autant d'entraînements à la respiration future. Le cerveau a déjà tout son stock de neurones… mais il continuera à se développer pendant des années après la naissance ! À partir de maintenant – et jusqu'à la fin du septième mois –, s'il devait naître, il serait considéré comme un grand prématuré.

De votre côté

Vous avez bien conscience que vous êtes passée en mode « fabrication intensive » et que vous avez changé de régime : vous respirez pour deux (d'ailleurs, vous êtes parfois essoufflée), votre débit sanguin a augmenté pour alimenter le bébé, l'utérus prend de la place et appuie sur les organes (et à cause de ça, vous commencez à avoir des difficultés à digérer). Vous pouvez avoir une sensation de jambes lourdes, des brûlures d'estomac, être constipée, avoir mal au dos… Vous vivez normalement mais la présence du bébé se fait vraiment sentir.

Ce que vous pouvez faire

C'est le moment du quatrième examen prénatal. C'est un examen de suivi classique, qui permet aussi de faire un test pour l'hépatite B. Pensez à mettre à jour votre carte Vitale : l'ensemble de vos dépenses de santé est pris en charge à 100 % à partir du premier jour du sixième mois de grossesse et jusqu'à douze jours après l'accouchement. C'est souvent à ce moment-là que l'on vous prescrit un dépistage du diabète gestationnel, si besoin : on pratique un test d'hyperglycémie provoquée par voie orale (HPVO, voir page 72).

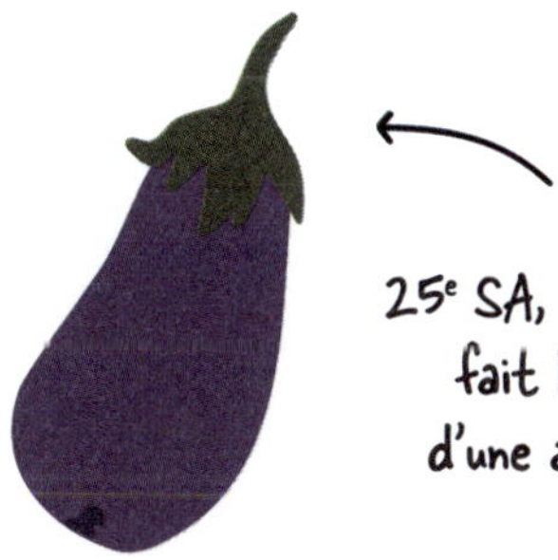

25ᵉ SA, votre bébé fait la taille d'une aubergine

26ᵉ SA, votre bébé fait la taille d'un épi de maïs

Septième mois, entre 29 et 32 SA : on peut encore bouger !

Du côté du bébé

Ses sens sont de plus en plus développés, c'est donc une période où l'ouïe, l'odorat, le goût et le toucher sont sources de nombreuses informations. L'adrénaline que vous produisez par votre activité émotionnelle lui parvient et il réagit lui aussi à votre stress. Même s'il a moins de place, il continue à bouger et maintenant ses mouvements sont clairement perceptibles de l'extérieur ! Il a encore un peu de temps avant de prendre sa position définitive parce que, plus tard, il n'aura plus la place de bouger.

De votre côté

Vous commencez à vous arrondir sérieusement, et cela modifie toute votre morphologie. Avec l'avancée du ventre, votre centre de gravité se déplace vers l'avant : les reins se creusent et les muscles du dos sont très sollicités, ce qui provoque des douleurs. Les hormones jouent sur les articulations pour les détendre : ce sera très utile pour laisser passer le bébé lors de l'accouchement, mais cela occasionne des douleurs en attendant. Plus le dos est musclé avant la grossesse, mieux il supportera ces changements : continuer une activité physique adaptée permet de conserver la mobilité du bassin. Si vous arrivez à marcher, faites des balades, ça sera déjà très bien !

Vous pouvez ressentir des contractions furtives en fin de journée, après un effort… Le corps se prépare doucement au gros travail qu'il va devoir fournir. Vous dormez moins bien : vous commencez à avoir du mal à trouver une position facile pour l'endormissement, vous avez chaud… et, dans votre tête, c'est réflexion non-stop ! Si vous pressez vos mamelons, vous verrez peut-être du colostrum en sortir, c'est le premier lait, très riche et très gras, que votre enfant pourra boire.

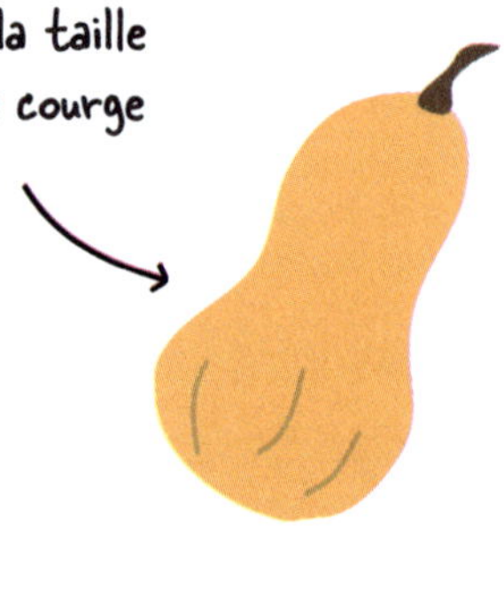

Ce que vous pouvez faire

Vous allez passer la troisième échographie qui permet d'évaluer la taille et le poids du bébé, ainsi que sa position, tout cela en vue de préparer au mieux l'accouchement. On vérifie également la position et la bonne santé du placenta pour s'assurer qu'il continue de bien irriguer le fœtus. On détermine encore le volume du liquide amniotique qui assure la protection du bébé : ce liquide servira de lubrifiant des voies génitales au moment de l'accouchement.

Seule ou à deux (c'est mieux !), vous commencez les séances de préparation à la naissance et à la parentalité. Pour en savoir plus, rendez-vous page 113.

Huitième mois, entre 33 et 36 SA : on y est presque !

Du côté du bébé

À partir de maintenant, l'objectif pour lui est de grossir, de se faire beau (les cils, les cheveux, la peau rosée…) pour se préparer au grand jour. Ses poumons sont en pleine maturation : bientôt, il produira du surfactant qui permettra aux alvéoles de rester ouvertes lors de la première inspiration et de pouvoir ainsi survivre dans le monde extérieur.

À la fin du mois, il mesure environ 47 centimètres et pèse autour de 2 kilos : tous ces derniers jours, sa prise de poids quotidienne est importante (et la vôtre aussi, par conséquent).

Il a normalement pris sa position définitive, tête en bas, menton sur la poitrine, genoux pliés… Il bouge mais ne peut plus faire de grands mouvements. À la fin du mois, il ne sera plus considéré comme prématuré.

De votre côté

Ça commence à peser ! Vous avez l'impression que vos propres organes sont compressés (où vont-ils donc se mettre ?), d'ailleurs la digestion est de plus en plus difficile (votre estomac n'a plus beaucoup de place). Vous avez le souffle encore plus court… et encore plus envie de faire pipi : maintenant, c'est parce que le bébé pèse sur votre vessie.

Dans votre tête, ça carbure au maximum : vous sentez que la fin approche et vous envisagez tous les scenarii. Vous en faites même des cauchemars !

Ce que vous pouvez faire

Dès la 34e semaine d'aménorrhée, vous pouvez bénéficier de votre congé maternité (qui durera entre 16 et 46 semaines selon les cas, voir page 122). Avec votre partenaire, c'est le moment de se reposer… car après la vie sera totalement différente !

Vous allez avoir rendez-vous avec l'anesthésiste pour la consultation obligatoire : même si vous ne souhaitez pas de péridurale et qu'il vous semble que c'est inutile, il faut envisager la possibilité d'une complication (et donc faire les bilans nécessaires, prévoir les contre-indications et dépister les difficultés).

Neuvième mois, entre 37 et 40 (ou 41) SA : en route !

Du côté du bébé

Dormir, grossir, dormir, grossir… il est déjà prêt mais il doit prendre des forces pour ce sacré voyage qu'il va devoir accomplir ! Son système pulmonaire et son cerveau continuent de se développer, c'est pour cela qu'il reste encore au chaud.

Le vernix et le lanugo qui le recouvraient disparaissent progressivement : il pourra en rester quelques traces à la naissance (« Au secours, mon bébé a le dos poilu ! ») mais elles disparaîtront très vite.

Sa tête va finir par mesurer 10 centimètres de diamètre… vous voyez ce que cela signifie ?

40e SA, votre bébé fait la taille d'un grand poireau

De votre côté

Vous arrivez en bout de course… et vous commencez à avoir envie que cela se termine – disons-le clairement, vous en avez RAS-LE-BOL. Vous mangez en petites quantités parce que votre système digestif est tout écrasé, vous avez mal au bassin, vous sentez vos ligaments s'étirer, les nuits sont difficiles. À cela s'ajoute l'impatience de découvrir votre enfant… Vous comptez les jours ! Vous le sentez moins bouger… mais il n'a quasiment plus de place pour ça, donc, pas d'inquiétude !

Pour récapituler

Évolution de la taille et de la masse de l'embryon puis du fœtus

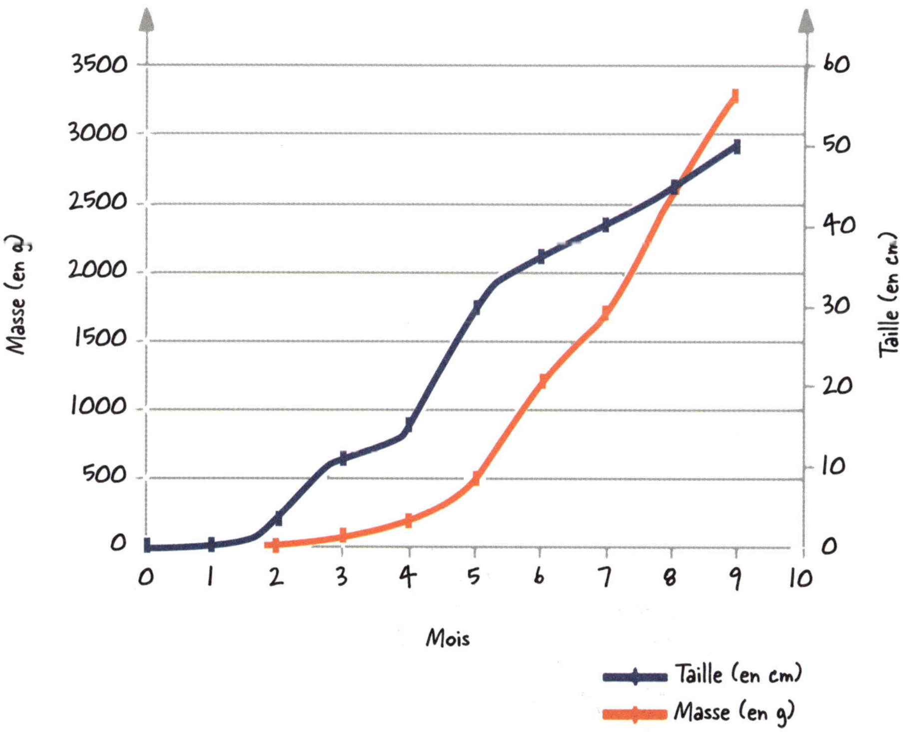

C'était quoi cette semaine chéri, avocat ou mangue ?
Lou
oranges
mangues

Les examens obligatoires

Les neuf mois qui vont s'écouler seront ponctués de rendez-vous « obligatoires ». Certes, le mot peut faire peur… mais il ne faut pas s'en inquiéter et le prendre comme un contrôle invasif. Il s'agit de moments qui vont permettre de suivre l'évolution de votre bébé et de vérifier votre état de santé afin que tout se passe au mieux ! Même si vous avez choisi de vivre votre grossesse de la façon la plus naturelle qui soit, en adoptant une méthode d'accompagnement alternatif, vous trouverez dans ces examens l'occasion de poser toutes vos questions, d'avoir toutes les informations nécessaires pour prendre des décisions en conscience et vous rassurer. Ce sont des ponctuations qui rendent les choses plus concrètes : on est moins dans le mystère quand on entend régulièrement les battements de cœur de son bébé et quand on peut l'apercevoir sur un écran !

De plus, ces rendez-vous qui ponctuent la grossesse représentent des étapes qui permettent de s'ancrer dans le temps : les semaines peuvent paraître très longues et avoir un objectif à court terme donne un point de repère auquel s'accrocher. Enceinte, on compte les semaines… et l'objectif semble parfois très lointain. Se dire « J'ai rendez-vous dans quinze jours » atténue l'impatience !

Un point sur les échographies

L'échographie est un examen attendu mais qui peut aussi être assez angoissant. Normal, on va sûrement vous dire que tout va bien, mais c'est aussi à ce moment-là qu'on peut déceler une anomalie. Autant d'éléments qui font de ces examens des moments intenses. Vous vous en souviendrez sûrement toute votre vie ! Vous allez voir votre bébé, entendre son cœur... Là, on peut vraiment dire que la technologie est magique ! Vous regarderez peut-être les clichés mille fois, c'est dire à quel point c'est fascinant, voire hypnotique ! Et quand bébé sera là, vous aurez déjà l'impression de le connaître.

Les trois échographies recommandées par la Haute Autorité de Santé permettent de surveiller le développement du bébé et de repérer d'éventuelles anomalies, c'est pourquoi elles doivent être pratiquées à des dates précises. Trois échographies, c'est la base.

Voici à quoi elles correspondent :

▶ La première échographie dite de « datation » se réalise au cours du troisième mois, entre 11 et 14 SA. Elle permet de déterminer le terme de la grossesse et de compter le nombre d'embryons (il peut y avoir des surprises !). C'est lors de cet examen que l'on mesure la « clarté nucale » qui permet de dépister certaines maladies chromosomiques, et notamment la trisomie 21.

▶ La deuxième échographie dite « morphologique » se fait au cours du cinquième mois, entre 22 et 24 SA. Elle a pour but d'analyser la morphologie du fœtus et de vérifier sa croissance. C'est au cours de cet examen que l'on peut connaître le sexe de l'enfant.

▶ La troisième échographie, au cours du huitième mois, sera effectuée pour vérifier la présentation du fœtus (tête en bas, en siège...) et localiser le placenta.

Une « avant-première échographie » est souvent pratiquée pour s'assurer de la bonne implantation de l'embryon dans l'utérus (il peut être implanté dans une trompe dans le cadre d'une grossesse extra-utérine). D'autres échographies supplémentaires peuvent être proposées par le professionnel de santé. Ça peut être le cas s'il dispose d'un appareil qui permet de faire un examen à chaque visite du suivi de grossesse.

Les examens biologiques

Si vous n'aimez pas les piqûres, vous allez devoir prendre sur vous – c'est peut-être le début de votre rôle de mère qui se donne corps et âme pour son enfant ! Enceinte, vous allez pouvoir prendre une carte de fidélité dans votre laboratoire d'analyses : pas marrant (surtout d'être à jeun pour y aller) mais évidemment important. De nombreuses prises de sang sont essentielles et se pratiquent tout au long de la grossesse. Elles permettent de détecter une carence ou de dépister une infection. En général, elles sont associées à des analyses urinaires pour compléter votre suivi. Faisons le tour de ces examens.

Le bilan de déclaration de grossesse

Il est prescrit lors de la première consultation. Cette analyse permet de faire un tour d'horizon de votre état de santé et de vos défenses immunitaires. Elle est utile pour :

- déterminer votre groupe sanguin ;
- établir une numération de la formule sanguine (NFS), qui permet de connaître la quantité de globules rouges, de leucocytes, de plaquettes… qui composent votre sang ;
- si vous êtes d'un groupe sanguin rhésus négatif, faire la recherche d'agglutinines irrégulières (anticorps contre les rhésus positifs) ;
- vérifier les anticorps contre la toxoplasmose et la rubéole ;
- détecter certaines infections (HIV, syphilis, hépatite B…).

Du quatrième au neuvième mois, un bilan mensuel

Là, vous aurez l'impression que c'est sans fin ! Si vous n'êtes pas immunisée contre la toxoplasmose, on recherchera cette infection tous les mois.

La recherche du diabète gestationnel

Au sixième mois, on rajoute cette petite analyse bien sympathique. C'est l'HPVO (hypoglycémie provoquée par voie orale).

L'HPVO s'effectue à jeun et il faut prévoir de rester au laboratoire pendant toute la durée du test. On commence par une première prise de sang, puis on ingère 75 grammes de sucre (non pas sous forme de macarons au caramel beurre salé, malheureusement… mais en version sirop de glucose, pas vraiment bon). Une heure après avoir avalé cette mixture, deuxième prise de sang. Enfin, une heure plus tard, on est bon pour une troisième ! C'est un assez mauvais moment à passer : prévoyez de la lecture, un chargeur de téléphone, un coussin pour vous endormir dans la salle d'attente !

Au huitième mois, bilan pré-anesthésique

Il sert à constituer votre dossier. Je vous le redis : même si vous ne souhaitez pas de péridurale, ce bilan est indispensable. Il permet d'avoir tous les éléments nécessaires en cas de césarienne en urgence.

L'alimentation de la femme enceinte

Pendant neuf mois, M.A.N.G.E.R va devenir un sujet central. D'abord, parce que vous aurez souvent faim, que vous aurez parfois des difficultés à vous nourrir (nausées, estomac tout écrasé par le volume de l'utérus, constipation et autres réjouissances). Ensuite, parce que la prise de poids reste une donnée incontournable. Et surtout parce que vous aurez l'impression que tout ce qui entre dans votre corps va aller directement à votre bébé, et que vous voulez lui donner du BON.

La prise de poids

Pour commencer par le sujet qui fâche le plus, disons qu'ici il n'est pas question de faire la morale ou de donner des injonctions concernant la prise de poids. Votre médecin, selon son degré de bienveillance, vous signalera si elle est trop importante et si elle risque de poser problème, pour vous et votre enfant.

Dans l'idéal, on pourrait ne prendre que 9 à 12 kilos, mais la moyenne se situe entre 11 et 16 kilos. Cela dépend aussi du point de départ : en cas de surpoids avant la grossesse, on recommande de limiter au maximum la prise de poids pour éviter les complications.

Tu le savais ?

La grossophobie

Les femmes en surpoids ou obèses subissent parfois une attitude méprisante de la part de certains personnels soignants : on leur conseille de perdre du poids pour augmenter leur fertilité, on les culpabilise en leur disant qu'on ne pourra rien voir à l'échographie « à cause de la couche de graisse », on les infantilise en les accusant de ne pas savoir gérer leur prise de poids (« Faut arrêter les gâteaux, hein ? »), on les inquiète en affirmant qu'elles ne pourront aller à terme…

Les problèmes de poids ne font pas de vous une mauvaise mère, ni une personne irresponsable : n'hésitez pas à changer de médecin si vous êtes victime de cette attitude déplorable. En revanche, vous pouvez vous faire accompagner par un spécialiste de la nutrition pour vous aider à écarter les dangers pour votre santé et celle de votre bébé.

Quand le poids fait mal

Si votre médecin ou votre sage-femme sont tatillons là-dessus (certains sont même des tyrans à ce sujet !), c'est parce que la prise de poids excessive a de vraies conséquences sur la santé : hypertension, diabète gestationnel, bébé trop gros (macrosomie) avec accouchement compliqué, fausse couche précoce… La surveillance n'est pas une sorte de punition, elle se justifie vraiment. Maintenant, il faudrait arriver à traiter le sujet sans culpabiliser la femme enceinte : la grossesse est une période suffisamment anxiogène et bouleversante à tous les niveaux pour ne pas avoir la trouille de monter sur la balance tous les mois.

Dans un souci de confort et de bienveillance envers soi, il faut bien prendre conscience que le poids pris « en plus » sera celui qui restera après la naissance… et qu'à ce moment-là vous aurez plus besoin de réconfort et de bien-être que de pressions, de privations et de déficit calorique.

Ne pas prendre trop de poids, c'est ne pas avoir à en perdre beaucoup.

Les calories, parlons-en !

Les besoins en calories augmentent, évidemment, mais ne croyez pas non plus que vous devez doubler vos doses. Les valeurs que je m'apprête à vous donner sont à adapter selon chacune, en tenant compte du poids de départ.

- Au 1er trimestre, on augmente d'environ 150 kcal par jour, soit à peine un petit goûter !
- Au 2e trimestre, on peut se permettre de rajouter 300 kcal par jour. Waouh ! Dingue !
- Au 3e trimestre, c'est la fête avec 500 kcal supplémentaires par jour.

Astuce

N'ayez pas peur du diététicien nutritionniste

La Fondation pour la recherche médicale estime que 10 % de la population pourrait être concernée par une forme de trouble de la conduite alimentaire. Si vous avez une mauvaise relation avec la nourriture, votre grossesse risque d'être d'autant plus difficile à vivre. Ce pourrait être l'occasion de rencontrer un spécialiste du sujet. Anna nous raconte les conséquences de son manque de prise en charge :

J'ai toujours été au régime. Toute ma vie, je me suis surveillée, alternant régimes stricts et crises de boulimie suite à la frustration… Enceinte, c'est comme si j'avais ouvert les vannes. Je n'allais pas me restreindre, hein, maintenant que je devais fabriquer un bébé dodu. J'avais donc une bonne excuse : « J'ai des nausées, je vais manger un petit quelque chose pour me caler », « Oh là là, j'ai tellement envie de chocolat », etc. Au final, 25 kilos de plus sur la balance. Mon médecin ne m'a jamais rien dit… mais j'ai vraiment dégusté après (le mot est bien choisi !). J'ai eu un mal fou à accepter mon corps quand je n'avais plus l'excuse de la grossesse, j'ai mis des mois à me débarrasser des kilos si rapidement pris et si difficiles à perdre… Pour un deuxième, je ferai vraiment différemment.

Une alimentation qui fait du bien

D'un côté, il faut surveiller sa prise de poids et, de l'autre, il faut être vigilante sur les aliments « à risque ». Il existe toute une liste d'interdits que votre médecin vous remettra, mais vous aurez toujours des incertitudes au moment de faire vos courses ou en choisissant votre menu au restaurant.

Voici les principes de base que l'on peut appliquer à tous les aliments :

▶ Évitez les aliments crus ! C'est là que l'on se rend compte que beaucoup de nos aliments préférés le sont. Sachez que « fumé », ça n'est pas « cuit » ! « Séché » ou « mi-cuit » non plus. Attention également : il y a de l'œuf cru dans pas mal de préparations. Au revoir, tiramisu...

▶ Privilégiez donc les aliments cuits, pasteurisés, ou achetés congelés pour éviter les bactéries.

▶ Consommez des fruits et des légumes bien lavés. Dans les restaurants, on ne passe pas en cuisine pour vérifier derrière le commis... donc, réservez les crudités pour chez vous.

▶ Évidemment, même s'il vous arrive parfois de consommer des aliments ayant dépassé la date de péremption, là, vous éviterez (c'est votre chéri qui finira les yaourts périmés. Il ne fallait pas en acheter deux packs de 24 parce qu'ils étaient en promo).

Une cuisine propre

Non seulement les aliments doivent être réglo, mais les conditions d'hygiène de la cuisine aussi. D'ailleurs, c'est l'occasion de missionner le papa.

▶ Pendant cette période, la corvée de nettoyage/désinfection du frigo tous les quinze jours aura une justification, donc elle semblera moins pénible (on a bien dit « semblera »). Profitez-en pour vérifier sa température, de préférence entre 3 et 4 °C.

▶ Les aliments contenant des traces de terre (salades, légumes...) doivent être bien emballés et séparés du reste.

▶ Les ustensiles de cuisine seront particulièrement propres (la planche à découper notamment).

Du sain, du bon, de l'équilibré. Voilà, vous savez tout.

Peut-être avez-vous déjà une alimentation healthy. Peut-être avez-vous une alimentation *healthy* seulement quand vous pouvez – et peut-être pas souvent.

Dans tous les cas, la grossesse va être une bonne occasion de respecter de grands principes qui deviendront sûrement des habitudes pour après. On a bien dit que tout allait changer !

Manger équilibré, c'est quoi ? C'est manger de tout… un peu. Consommer des aliments de chaque groupe, dans des quantités raisonnables.

Par acquit de conscience, voici un petit rappel des différents groupes d'aliments (le groupe double cheese n'existe pas, désolée). Dans le sens décroissant, de celui qu'il convient de consommer le plus vers celui qu'il convient de consommer le moins :

- Les boissons : l'eau à volonté (idem pour les infusions), le thé, café, soda, jus… sans excès
- Les fruits et légumes : au moins 5 par jour
- Les céréales et dérivés (les féculents) : à chaque repas
- Les produits laitiers : à chaque repas
- Les protéines (viandes, volailles, poissons, œufs, légumineuses, alternatives végétales) : 1 fois par jour
- Les matières grasses : limiter la consommation en privilégiant celles de bonne qualité
- Les produits sucrés : de temps en temps

L'eau

C'est la meilleure des boissons pendant la grossesse ! Les échanges entre la mère et le bébé passent par le liquide amniotique (un demi-litre filtré par le placenta toutes les heures), d'où l'importance de boire suffisamment pendant la grossesse (et le besoin sera encore plus grand en cas d'allaitement). Boire de l'eau permet également de lutter contre la constipation, qui est un désagrément très courant. L'eau minérale n'est pas indispensable, mais elle peut apporter des nutriments importants (calcium, magnésium...). Les eaux pétillantes, en revanche, sont souvent fortement salées et sont donc à consommer modérément.

Les fruits et les légumes

Des alliés de taille pour trouver toutes les vitamines, les minéraux et les nutriments dont bébé a besoin. D'ailleurs, il y a beaucoup de calcium dans les épinards. Alors, vive les épinards ! Autant que possible, misez sur les produits frais, et bio pour éviter les pesticides.

Des protéines de bonne qualité

Elles sont très importantes pour la production et le renouvellement des cellules : variez les sources de protéines (animales, végétales...) pour couvrir tous les besoins.

Oui mais...

Et quand on ne mange pas de viande ?

Si vous êtes végétarienne, vous pouvez consommer des œufs et un maximum de produits laitiers. Vous avez sûrement déjà l'habitude d'associer les céréales et les légumineuses afin de combler vos apports en acides aminés, c'est une pratique à poursuivre.

Pour éviter les carences en fer (principalement apporté par la viande), vous piocherez dans d'autres sources comme les œufs, les légumes secs, les légumes à feuilles vertes, les fruits secs... en les associant à des aliments riches en vitamine C afin de favoriser l'absorption du fer.

Si vous êtes végétalienne, c'est-à-dire que vous ne consommez aucun aliment d'origine animale, les risques de carences en protéines mais aussi en fer et en vitamine B12 sont plus importants. N'hésitez pas à consulter un nutritionniste pour savoir comment couvrir vos besoins et ceux du bébé.

Du bon gras !

Il sera très utile pour la construction des cellules nerveuses du bébé et, par là, la constitution de son cerveau (constitué à 60 % d'acides gras), de sa rétine et de plein d'autres organes. Vos alliés seront les omégas-3, 6 et 9. Vos ennemis sont les graisses saturées ou, pire, les « trans », « graisses partiellement hydrogénées » sous forme d'agents de texture, de conservateurs... présents dans de très nombreux produits industriels.

Misez donc sur des huiles végétales de bonne qualité (olive, colza, noix, cameline...), les poissons gras (sardine, maquereau, hareng, saumon...), les algues marines et les oléagineux (noix, noisette, amande) qui, en plus de leurs vertus, font d'excellents encas pour les fringales.

Des aliments complets, plutôt que raffinés

Pourquoi ? Parce qu'ils contiennent plus de fibres... et que les fibres permettent de lutter contre la constipation (eh oui, c'est un gros sujet !). Leurs minéraux et les vitamines B et E présents dans le germe et le son protègent votre santé et le développement de votre bébé et favorisent votre sérénité. Ils ont aussi l'avantage d'avoir un indice glycémique bas qui assure un effet rassasiant durable et diminue l'envie de grignotage (contrairement aux glucides rapides).

Comment gérer son appétit

Pendant la grossesse, votre appétit ne sera pas réglé comme une horloge : votre corps va manifester le fait qu'il est passé dans un mode productif : être à son écoute permet de respecter vos besoins. Un jour, vous serez écœurée par tel ou tel aliment, un autre jour particulièrement attirée par un autre. Tantôt vous aurez une faim de loup, tantôt vous serez barbouillée... Respectez ces variations et équilibrez votre alimentation, non pas sur une journée mais sur une semaine. Si vous avez fait un écart, vous compenserez le lendemain... Pas de tyrannie : le but est de se faire plaisir, sans excès évidemment mais sans privation surtout.

> Il n'est pas question de faire un « régime » ! Le bébé puise tout ce dont il a besoin en vous. Si vos apports ne sont pas suffisants, votre organisme ira piocher dans vos réserves (dans vos os, par exemple, pour le calcium) et des carences surviendront. Ce n'est pas le moment !

La bonne astuce : fractionnez vos repas

Enceinte, ce que l'on craint, ce sont les fringales (on a parfois l'impression que toute notre énergie est directement absorbée par le bébé et qu'il faut remettre du carburant), c'est-à-dire les hypoglycémies que l'on compense en se jetant sur des aliments riches. En répartissant différemment vos repas, vous pouvez égaliser vos apports énergétiques : si vous n'avez pas faim au réveil, prenez une collation en milieu de matinée. Vous pouvez garder votre dessert pour le manger plus tard dans l'après-midi. Attention ! Il ne s'agit pas de grignoter toute la journée, mais de fractionner les repas si c'est plus facile ainsi.

Comment vivre au mieux avec ses petits maux ?

On ne va pas se mentir : pendant neuf mois, vous allez expérimenter tout un tas de tracas propres à la grossesse. Il faut dire que votre corps vit un tel bouleversement… Même si « la nature est bien faite », elle connaît parfois des petits ratés. Les maux de la grossesse se manifestent à des étapes différentes, pour certaines ils seront insignifiants, pour d'autres plus présents. En général sans gravité, ils peuvent malgré tout impacter le vécu de la grossesse, le bien-être et les relations sociales.

L'essentiel est de garder en tête qu'ils ne sont que transitoires et que le cours normal des choses reprendra après la naissance. (Enfin non. Le cours normal ne reprendra pas vraiment ! Disons plutôt qu'une autre période commencera !) Il faut aussi se convaincre que tous ces petits soucis sont les symptômes de modifications de votre corps dans un seul et unique but : donner naissance à votre enfant. Même s'ils sont vraiment pénibles… on les accepte mieux quand on les envisage sous cet angle ! #positivemum

Les champions de la grossesse

Nausées et/ou vomissements

Quand ?

Au premier trimestre.

Mais pourquoi donc ?

On les attribue aux fluctuations hormonales qui imprègnent le corps au début de la grossesse. Voyez le côté positif des choses : votre bébé s'installe et votre corps prépare son nid grâce à ces hormones. On le supporte un peu mieux quand on sait ça, non ? 70 à 80 % des femmes sont concernées avec des symptômes qui apparaissent généralement entre 4 et 9 SA, avec un maximum entre 7 et 12 SA et une atténuation puis une disparition autour de la 16e SA. Pour certaines, ils peuvent se poursuivre plus longtemps et continuer parfois même jusqu'à l'accouchement.

Que faire ?

Quelques modifications des habitudes alimentaires peuvent (éventuellement) soulager un peu les nausées : elles surviennent souvent au réveil. Gardez des petites choses à grignoter sur votre table de chevet (biscuits, amandes, etc.), à consommer avant de se lever : efficacité non garantie, mais à essayer. On dit que le gingembre peut améliorer les choses (en version naturelle, infusion, jus… ou en gélules, demandez conseil à votre pharmacien). Parfois, boire quelque chose de frais atténue la sensation désagréable. Paradoxalement, les tisanes chaudes peuvent aussi fonctionner. Testez plusieurs remèdes et vous trouverez peut-être l'astuce anti nausée qui vous sera propre.

Si ça ne suffit pas, votre sage-femme ou votre médecin pourront vous prescrire un traitement adapté. La sophrologie, l'homéopathie et l'acupuncture sont souvent très efficaces : c'est le moment d'essayer !

Tu le savais ?

Fais pas ta Kate !

Il existe une variante assez handicapante des nausées de grossesse, qu'on appelle hyperemesis gravidarum ou vomissements aggravés (du genre « incontrôlables »), qui peuvent entraîner une déshydratation et un amaigrissement dangereux. Lors de sa deuxième grossesse, Kate Middleton a subi cette pathologie, nécessitant une hospitalisation (pour réhydratation avec perfusion). Une origine psychosomatique ne serait pas à négliger, cette forme de malaise touchant souvent d'anciennes anorexiques, ou des femmes ayant des troubles anxieux.

Si vous souffrez de cette forme maxi gênante de nausées, vous pourrez vous consoler en pensant à ce point commun qui vous lie avec la princesse de Galles !

Les reflux gastriques, les brûlures d'estomac

Quand ?

Aux deuxième et troisième trimestres.

Mais pourquoi donc ?

On peut dire merci à la progestérone, qui peut modifier tout le processus de digestion et occasionner une hernie hiatale (une partie de l'estomac remonte dans l'œsophage). La prise de poids, la pression de l'utérus, la durée rallongée du transit (la constipation, quoi !) s'ajoutent à tous ces facteurs. S'il est très désagréable, le phénomène est en général sans danger véritable et, normalement, tout retrouve sa place après la naissance. Les brûlures d'estomac et les remontées acides s'accentuent au fur et à mesure de la grossesse.

Que faire ?

On conseille de fractionner les repas, de manger léger le soir, d'éviter les plats épicés, gras. Les boissons gazeuses, le thé, le café sont à limiter. La position allongée accentue les remontées : on peut essayer de dormir à demi assise. Oui, « essayer ».

La constipation

Quand ?

Tout au long de la grossesse...

Mais pourquoi donc ?

Encore une fois, la progestérone qui inonde le corps de la femme enceinte est en cause... mais aussi la diminution de l'activité physique et la compression de l'utérus sur tout le système digestif. Avouons-le, il y a parfois un blocage psychologique qui s'opère et qui nous empêche de « pousser ». (Voir « j'ai peur de faire caca en poussant » page 138). Heureusement, les choses rentrent dans l'ordre quelques semaines après la naissance.

Que faire ?

On recommande d'abord de modifier son alimentation en privilégiant les aliments riches en fibres (fruits et légumes, céréales complètes, son d'avoine). Attention ! Il faut y aller doucement : les fibres en excès peuvent occasionner des troubles digestifs (ça n'est pas le moment de se sentir gonflée !), donc il vaut mieux augmenter ces apports progressivement. Buvez un grand verre d'eau dès le réveil pour relancer la machine. Choisir de l'eau enrichie en magnésium peut être une bonne idée. Garder une activité physique adaptée contribue à améliorer la situation : marchez, nagez, pratiquez le yoga...

Votre médecin ou votre sage-femme pourront le cas échéant vous donner un traitement adapté.

Les hémorroïdes sont souvent la conséquence de la constipation et de l'augmentation du volume de l'utérus, qui fait pression sur les veines de cette zone. En luttant contre la constipation, vous pourrez les éviter, mais n'hésitez pas à en parler à votre professionnel de santé pour trouver un traitement.

Les douleurs dorsales

Quand ?

Elles apparaissent généralement entre le cinquième et le septième mois.

Mais pourquoi donc ?

Il s'agit de douleurs du bas du dos, des lombalgies, la femme enceinte ayant l'impression d'avoir « mal aux reins ». L'utérus prend du volume au cours de la grossesse et la posture de la future maman est modifiée : le centre de gravité se déplace vers l'avant. Pour garder l'équilibre, il faut compenser en basculant le bassin et en cambrant le bas du dos, ce qui provoque l'« hyperlordose ». De plus, les hormones jouent sur le relâchement des ligaments et des muscles : les articulations sont plus mobiles (ça sera bien utile lors du passage du bébé !) et les abdominaux jouent moins leur rôle de soutien.

Que faire ?

Pour limiter ce mal de dos, il faut essayer d'adapter sa posture et modifier certains gestes :

- Pour se pencher et ramasser quelque chose par terre (ou lacer ses chaussures), pliez les genoux pour ne pas basculer toute la moitié du corps en avant.
- Pour éviter la cambrure, essayez de vous « grandir » comme si on vous tirait par un fil au-dessus de la tête afin de vous redresser.
- En position assise, placez une petite marche sous vos pieds pour modifier l'angle de votre dos (notamment quand vous allez aux toilettes).
- Pour sortir du lit, basculez d'abord sur le côté puis asseyez-vous sur le bord du lit.
- Passez aux chaussures plates : les talons augmentent la cambrure...
- Évidemment, ne portez pas de charges lourdes (c'est l'occasion de missionner le papa).

Votre professionnel de santé pourra vous prescrire un traitement pour atténuer les douleurs. Mais il faut penser aux alternatives comme les massages, les exercices avec un kinésithérapeute, l'acupuncture, les exercices dans l'eau, etc., qui peuvent vous soulager efficacement.

> Profitez de votre grossesse pour prendre de bonnes habitudes. Plier les genoux pour ramasser quelque chose, passer par le côté pour se lever… sont des gestes que vous pourrez poursuivre même après l'accouchement : ils sont bons pour tout le monde !

Les douleurs pelviennes

Quand ?

Elles apparaissent plutôt au troisième trimestre.

Mais pourquoi donc ?

Elles ont la même origine que les douleurs dorsales, et sont bien souvent associées. Très désagréables et assez angoissantes (on s'inquiète toujours pour le bébé avec une douleur dans cette zone), ce sont des douleurs abdominales basses, au niveau de l'aine ou du sacrum, une sensation de lourdeur dans le bas-ventre.

Que faire ?

Rien de tel que le repos total. Enrichir son alimentation en magnésium aide souvent beaucoup à réduire ces douleurs. Faire des exercices dans l'eau également. Les séances d'ostéopathie sont très efficaces, pensez-y !

Jambes lourdes, varices et/ou œdèmes

Quand ?

Tout au long de la grossesse.

Mais pourquoi donc ?

L'imprégnation hormonale, l'augmentation du volume sanguin, la prise de poids, l'activité réduite font que la circulation sanguine est ralentie avec un retour veineux plus difficile, des vaisseaux qui se contractent moins bien… Tout est là pour donner une sensation de lourdeur, parfois de fourmillements, pour créer des varicosités, de la rétention d'eau (les fameuses jambes en poteau…).

Que faire ?

Pour activer tout ça, on continue à marcher tous les jours (c'est bon pour le transit également !) et on essaie de ne pas rester immobile trop longtemps (surtout en position assise ou, pire, les jambes croisées). Surélever les pieds inférieurs de son lit peut favoriser le retour veineux ; appuyer ses jambes contre le mur de la tête de lit aussi. Mais c'est moins compatible avec le sommeil ! Oubliez vos *a priori* sur les bas de contention ou de compression et n'hésitez pas à en porter dès le premier trimestre (pour celles qui terminent leur grossesse en été, ça sera plus difficile, malheureusement). Ne prenez pas de bain chaud et au contraire, terminez votre douche par un jet d'eau fraîche en allant de la cheville vers le haut des jambes. Votre médecin ou votre sage-femme peuvent également vous proposer d'autres solutions.

Les crampes

Quand ?

Surtout au deuxième et au troisième trimestre.

Mais pourquoi donc ?

Elles sont le plus souvent liées à une carence en magnésium mais aussi à l'insuffisance veineuse. Pendant la grossesse, elles peuvent être fréquentes et douloureuses au point de vous gêner dans votre sommeil (et on n'a pas besoin de ça !).

Que faire ?

Augmentez votre consommation de magnésium en forçant sur les aliments qui en contiennent : eau enrichie en calcium et magnésium, fruits secs, flocons d'avoine, chocolat, légumes verts… Évidemment, une supplémentation peut être prescrite par le médecin ou la sage-femme. Au moment où survient la crampe, étirez le muscle concerné même si vous n'avez qu'une seule envie, attendre que ça passe ! Fléchissez le pied, étirez votre jambe : si votre ventre vous gêne, vous pouvez utiliser un foulard que vous passerez autour du pied pour vous aider à le fléchir en tirant sur les extrémités.

Les vergetures

Quand ?

Surtout au deuxième et au troisième trimestre.

Mais pourquoi donc ?

Si elles peuvent arriver à tous les âges (notamment à l'adolescence), les vergetures sont particulièrement favorisées par la grossesse. Elles sont liées à l'affaiblissement de la résistance de la peau, à cause des modifications hormonales qui réduisent la production de collagène et d'élastine et de son étirement. Comme un tissu sur lequel on tirerait trop fort, la peau « craque » et les vergetures sont ces cicatrices sous-cutanées. Tous les moyens sont bons pour renforcer sa peau au plus tôt, avant qu'elles ne surviennent, et pour les freiner si elles arrivent.

Que faire ?

Massez-vous ! Les produits anti vergetures sont efficaces, mais l'action mécanique du massage stimule la production de fibres dans la peau. Utilisez des produits nourrissants, hydratants… Il en existe beaucoup de spécifiques à la grossesse mais une huile d'amande douce moins onéreuse aura déjà des effets intéressants.

Ne vous arrêtez pas à la naissance du bébé : poursuivez encore quelques semaines pour aider la peau à retrouver son élasticité. Cela fera également partie des moments que vous prendrez pour vous occuper de vous : les massages sont réconfortants et bienveillants pour votre corps transformé. Ça aussi, ça peut être une #missionpapa !

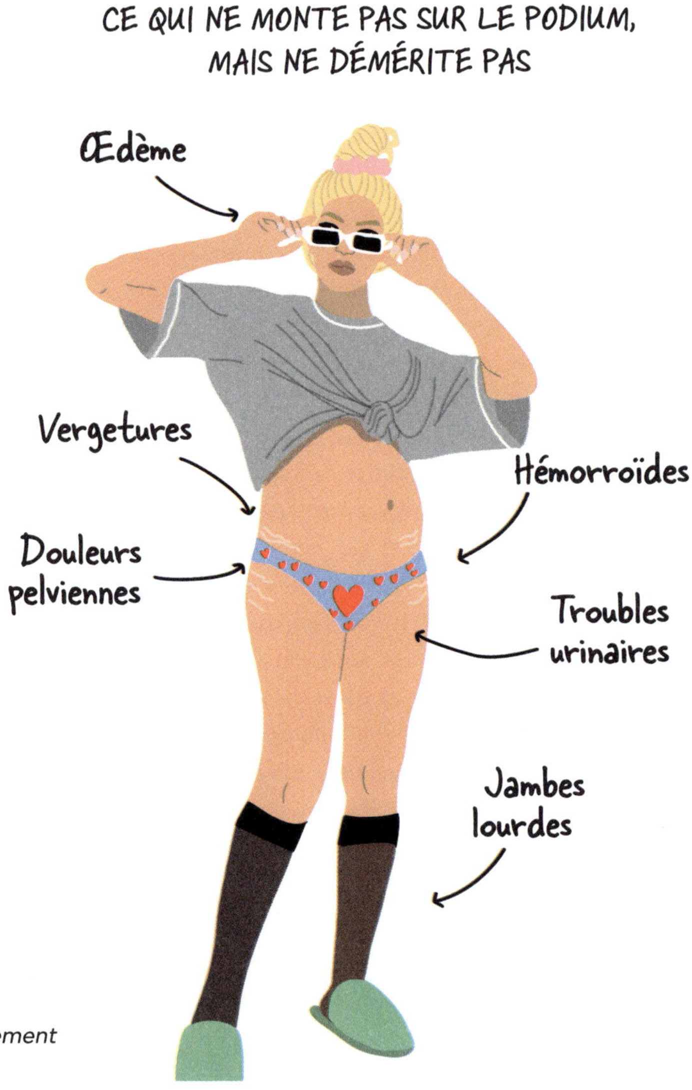

Comment rester en forme ?

Bien manger (comprendre « mieux manger ») et bien dormir font partie des besoins basiques pour être en forme tout au long des neuf mois de la grossesse. Mais comme vous n'allez pas passer toute cette période à table ou au lit… voyons d'autres centres d'intérêt à ne pas négliger pour que votre corps et votre mental soient dans les meilleures conditions possibles.

En fait, enceinte, vous continuez d'être une femme ! Évidemment, vous êtes en phase de mutation vers un nouveau rôle… mais celui-ci s'ajoute à votre palette, il ne remplace pas les autres. Adaptez votre mode de vie mais n'abandonnez pas tout sous prétexte que, maintenant, vous avez d'autres priorités.

Garder une activité physique

Vous savez bien que l'activité physique est recommandée à toutes les périodes de la vie pour ses bienfaits sur la santé du corps et de l'esprit. Pendant la grossesse, le but n'est pas la performance, mais le maintien de la condition physique et la réduction des complications. Si vous êtes habituellement sportive, le fait d'être enceinte ne va pas vous faire passer à l'état de mollusque : vous allez certainement poursuivre votre activité, même si elle se modifie en intensité. Si vous êtes plutôt sédentaire, vous n'allez pas vous mettre à préparer le marathon mais bouger suffisamment pour limiter les petits maux et mieux vivre les transformations de votre corps.

On recommande 150 à 180 minutes d'activité physique par semaine, réparties sur 3 jours (3 séances d'une heure). Le type d'activité, son intensité et sa fréquence doivent être adaptés à votre état de santé de départ.

Les bienfaits de l'activité physique

À regarder de près l'inventaire des bienfaits du sport pratiqué en étant enceinte, on a tout de suite envie d'enfiler ses baskets. Maintenir une activité physique permet :

- de prévenir une prise de poids trop importante pendant la grossesse et d'aider à la perte de poids en post-partum ;
- de prévenir le diabète et l'hypertension gestationnelle (et donc la pré-éclampsie) ;
- d'alléger les douleurs lombaires et pelviennes ;
- de diminuer le risque d'incontinence urinaire ;
- de réduire le temps du travail et le recours à la césarienne lors de l'accouchement ;
- de prévenir et d'améliorer les symptômes dépressifs du post-partum.

On est bien d'accord, mieux vaut continuer à se bouger le popotin !

Évidemment, on oublie les sports violents, de contact, ceux qui provoquent des secousses (sports de raquette, jogging à compter du deuxième trimestre, équitation). La plongée sous-marine ou les sports de montagne sont aussi à reporter. En revanche, sont préconisées les activités qui permettent l'endurance, le renforcement musculaire et les assouplissements. Pendant la grossesse, les activités autorisées sont généralement très douces, liées à la détente, la relaxation et au travail du souffle. La marche, le vélo d'appartement, la natation, la gymnastique douce, le stretching et l'aquagym sont des activités recommandées.

Rentrons un peu dans le détail… et espérons que vous y trouviez votre bonheur !

La marche

La marche constitue un excellent exercice et peut être pratiquée par toutes les futures mamans, même les moins sportives : on peut marcher partout, sans équipement particulier ni abonnement… Aucune excuse pour ne pas y aller ! Marcher permet d'activer la circulation sanguine (surtout celle des jambes) ainsi que le transit intestinal (et vous avez compris que c'était un argument de poids !). Attention ! On parle bien de marche, sur un terrain plat, sans obstacles… Ça n'est pas vraiment le moment de partir en randonnée.

La natation et l'aquagym

Il existe des cours de gym aquatique spécifiques pour les futures mamans ! Bouger dans l'eau est particulièrement adapté à la grossesse (si on oublie le fait qu'il faut se procurer un maillot, bien sûr). La natation augmente la capacité cardiaque, elle est excellente pour le dos et les articulations puisque les mouvements sont portés par l'eau et donc sans choc. Elle procure un effet massant sur le corps.

Le yoga

Le yoga est particulièrement conseillé pendant la grossesse. Avec des postures spécifiques et adaptées aux modifications du corps de la future maman (yoga prénatal), il constitue une bonne préparation à l'accouchement. En faisant travailler le souffle, la respiration consciente, en développant l'endurance et la force mentale, en faisant travailler le périnée pour l'assouplir et le renforcer, il est vraiment l'allié de la femme enceinte.

Pendant la pratique d'un sport, surtout, ne jamais oublier :

- D'écouter votre corps et vos besoins.
- Si des signes de fatigue se font sentir, inutile de forcer ou vouloir vous dépasser.
- En cas de trouble du type douleur, vertige, essoufflement qui ne s'arrête pas… stoppez la séance et consultez votre médecin.
- Pensez à boire et à manger correctement avant, pendant et après un effort.

Les substances dangereuses

Dans un monde idéal peuplé de Bisounours, une femme enceinte devrait renoncer à la cigarette, à l'alcool et aux substances psychoactives d'un claquement de doigts, par la force de son mental et sa volonté-d'acier-de-mère-louve-prête-à-tout-pour-protéger-le-fruit-de-ses-entrailles.

Les recommandations sont claires : pendant la grossesse, ZÉRO alcool, plus de cigarette, plus de cannabis et autres (produits médicamenteux tels que les anxiolytiques ou les psychotropes). On comprend bien le problème, les risques sont si importants qu'ils nécessitent des mesures rigoureuses. Mais on a bien conscience aussi que stopper certaines habitudes relève parfois d'un défi titanesque. En connaissant les dangers, on peut sans doute mieux parvenir à lutter contre ses addictions (cela va vous donner une sacrée motivation, n'en doutez pas).

La cigarette

Si vous fumez pendant votre grossesse, les risques sont les suivants :

- Augmentation du risque de décollement du placenta ;
- Rupture prématurée des membranes et accouchement prématuré ;
- Ralentissement de la croissance du fœtus et diminution du poids du bébé à la naissance ;
- Augmentation du risque de bébé mort-né ou de décès suivant la naissance ;
- Augmentation du risque de mort subite du nourrisson.

L'alcool et le syndrome d'alcoolisation fœtale (SAF)

Le placenta ne filtre pas l'alcool, qui passe directement dans le sang du bébé. L'alcool peut nuire au développement des organes du fœtus et causer des malformations, notamment du cerveau, qui est l'organe le plus sensible à l'alcool. Il peut entraîner des troubles de l'apprentissage ou de la mémoire, un déficit de l'attention, des troubles du comportement. Ces troubles persisteront toute la vie. Comme le cerveau se développe tout au long de la grossesse, il est recommandé de ne pas boire d'alcool, peu importe le trimestre.

Les substances psychoactives

La consommation de ces substances – cannabis et autres drogues, médicaments psychotropes... – a des conséquences sur la formation du fœtus, comme la réduction du poids de naissance, un retard de développement du cerveau, un accouchement prématuré...

Difficile de s'en défaire

Bien que la femme enceinte soit consciente de tous ces risques, le propre d'une addiction est qu'il est difficile de s'en défaire... Cesser la consommation de ces produits dans le cadre de la grossesse est donc souvent une véritable épreuve.

Votre sage-femme ou votre médecin peuvent être de vrais alliés pour atteindre votre objectif et peuvent vous proposer des solutions (thérapies cognitives et comportementales, substituts nicotiniques, hypnose...). Lors de la première consultation concernant votre grossesse, le professionnel de santé vous posera des questions à ce sujet (nature des produits consommés ; quantité, circonstances et fréquence de la consommation, etc.). N'y voyez pas un jugement ou une façon de vous faire culpabiliser mais plutôt une occasion de vous faire aider.

Il existe aussi des consultations spécifiques pour les addictions dans certaines maternités : même si la démarche est difficile (on a souvent un sentiment de honte et de culpabilité), la prise en charge vous offrira un véritable soutien.

Astuce

Les numéros utiles

De nombreux services sont là pour vous aider. N'hésitez pas à les contacter, sans culpabiliser ni avoir peur du jugement.

- Tabac Info Service : www.tabac-info-service.fr, par téléphone au 39 89
- Alcool Info Service : tous les jours de 8 heures à 2 heures du matin par téléphone au 0980 980 930 ou par chat sur www.alcool-info-service.fr
- Drogues Info Service : www.drogues-info-service.fr

Bon à savoir : l'Assurance maladie peut rembourser, sur prescription médicale, certains substituts nicotiniques à hauteur de 65 % et sans avance de frais.

Le tabagisme passif (cigarette ou cannabis) est nocif pour le bébé, de nombreuses substances restant dans la fumée dites « secondaires ». Les proches doivent fumer à l'extérieur pour ne pas exposer la femme enceinte.

Cela peut être une mission donnée au partenaire : éloigner les fumeurs ! Et la grossesse peut être une excellente occasion pour lui de s'arrêter de fumer : voilà un objectif commun pour lequel vous vous apporterez un soutien mutuel très motivant. #missionfuturpapa

Malheureusement, le risque est présent dès le premier verre et il existe même en cas de consommation occasionnelle. Vous fêterez mieux votre anniversaire l'an prochain. En même temps, cela vous fait réfléchir au fait d'associer alcool et fête… Est-ce vraiment indispensable ? Tous les alcools sont neurotoxiques : whisky et bière, même combat !

Astuce

Pour remplacer l'alcool

Profitez de votre grossesse pour devenir une pro des boissons sans alcool ! Vous pouvez boire :

- Des eaux pétillantes aromatisées avec des morceaux de fruits frais ou congelés (à utiliser comme des glaçons), des tranches de concombre, des herbes fraîches, des sirops (c'est du sucre, certes, mais il y en a beaucoup dans l'alcool) ;
- Des thés glacés maison, ou des infusions aux fruits refroidies ;
- Des versions « virgin » (sans alcool) de vos cocktails préférés ;
- Des jus de légumes, de fruits ;
- Des smoothies.

C'est l'heure du contrôle technique

Pendant votre grossesse, vous allez avoir un suivi médical intense. La préparation à l'accouchement peut être l'occasion de consulter des spécialistes auxquels vous n'auriez pas pensé. Même si vous avez le sentiment de passer une batterie d'examens un peu pénibles, voyez ça comme autant d'occasions de prendre soin de vous, de votre santé et de celle de votre bébé. #positivemum

L'ophtalmologue

Votre vision peut connaître des modifications pendant la grossesse (accentuation de la myopie, léger astigmatisme, sécheresse oculaire avec difficulté pour supporter les lentilles de contact, etc.). Ce sont des phénomènes transitoires, dus à l'imprégnation hormonale, qui rentrent dans l'ordre naturellement après l'accouchement. Si vous êtes myope, si vous avez déjà souffert de décollement ou d'une autre affection de la rétine, il sera préférable de consulter votre ophtalmo. Un fond d'œil réalisé entre le sixième et le huitième mois de grossesse permettra de détecter d'éventuelles lésions de la rétine ; en effet, les poussées lors de l'accouchement peuvent, même si c'est exceptionnel, occasionner un décollement ou une déchirure sur des lésions préexistantes. Des hémorragies de la rétine peuvent aussi arriver au moment des efforts de poussée lors de la naissance : elles se résorbent mais nécessitent d'être surveillées.

Le dentiste

Un examen bucco-dentaire est pris en charge à 100 % par l'Assurance maladie au deuxième trimestre de grossesse. On effectue une surveillance des caries, qui peuvent véhiculer des bactéries, ou des gencives qui saignent parfois pendant la grossesse. Si cela est nécessaire, une radio peut même être pratiquée en portant un tablier de plomb sur le ventre pour éviter les faibles radiations de l'examen.

Une vie de couple sereine (on va parler de sexe, là !)

La grossesse et la naissance d'un premier enfant vont modifier profondément la vie de couple : on passe de deux à trois, on sera désormais une famille. Cette nouvelle géométrie de la relation amoureuse a forcément un impact puissant sur un des ciments essentiels du couple, la sexualité. Le sujet est souvent tabou, tout d'abord parce qu'il y a des questions qui peuvent créer des angoisses, mais surtout parce que votre nouvelle identité est en train de naître, or toute modification d'un équilibre acquis est déstabilisante. Ne pas culpabiliser, reconnaître ses craintes, accepter les changements… voilà sans doute des pistes à suivre pour garder une vie intime épanouissante.

Avoir une vie sexuelle pendant la grossesse donne l'occasion de se poser beaucoup de questions parfois angoissantes. Pas de culpabilité : tout le monde a les mêmes craintes et tout le monde s'interroge !

Angoisse numéro 1 : blesser le bébé

Une peur très courante, aussi bien du côté de la future maman que du futur papa (cela peut même créer des blocages pour lui). Pour vous rassurer, soyons lucides. Même si l'homme de votre vie est particulièrement bien équipé, il ne pourra pas atteindre l'utérus où le bébé est bien protégé. Le col de l'utérus le verrouille. À moins qu'une contre-indication soit émise par le médecin (col fragilisé, placenta praevia, infection génitale, menace d'un accouchement prématuré...), il n'y a aucune raison de ne pas avoir de rapport sexuel pendant la grossesse.

L'idée que le bébé soit témoin des ébats de ses parents est répandue. Imaginer qu'il colle son œil pour regarder ce qui se passe a en effet de quoi perturber le désir ! Sortons de l'idée d'une « présence », d'une « participation », d'une sorte d'acte incestueux... Le bébé ne sait rien ! Pour lui, le rapport sexuel donne l'occasion de vibrations et sans doute perçoit-il le fait que sa mère soit détendue. Pas plus ! Parfois, la grossesse entraîne des projections qui bloquent totalement le désir et mettent le couple en réelle difficulté : il est alors important de consulter un professionnel pour que la difficulté ne se transforme pas en un obstacle insurmontable, surtout après la naissance.

Pour déclencher le travail : vrai ou faux ?

Vous avez sans doute entendu parler du mythe du « déclenchement à l'italienne » (#italiansdoitbetter) qui voudrait que les substances contenues dans le sperme puissent mettre en route le travail. À vrai dire, il en faudrait un camion-citerne pour que cela puisse avoir un effet. On oublie donc cette légende... La seule chose qui puisse arriver, c'est que, en cas de rapport sexuel proche du terme, la future mère lâche prise, se détende totalement, soit rassurée... Et donc, soit en de bonnes conditions pour que le travail se déclenche. C'est tout !

Baisse de libido

Pas besoin d'être enceinte pour connaître des fluctuations de la libido. Un grand stress au travail, un proche malade, des problèmes financiers... la liste est longue des soucis qui peuvent vous occuper la tête et vous détourner du désir sexuel ! Cela fait partie de la vie.

La grossesse est une parenthèse particulièrement prenante mentalement. C'est normal que vous soyez centrée sur votre bébé et que vos désirs soient atténués. Évidemment, la fatigue, les nausées, l'idée que la grossesse n'est pas encore bien installée font que le premier trimestre est généralement connu pour le net ralentissement de la sexualité. Au deuxième trimestre, vous pourrez connaître un regain de désir. Les craintes de la fausse couche s'étant éloignées, votre corps étant épanoui (surtout au niveau du soutien-gorge) sans être encore difficile à mouvoir... les hormones peuvent même être très stimulantes. Au troisième trimestre, en général, la sexualité se calme à nouveau, même si beaucoup de choses sont encore possibles (avec des positions qui n'appuient pas sur le ventre).

Encore une fois, il n'y a pas de norme. Peut-être ne connaîtrez-vous pas de libido endiablée : le plus important, c'est que la frustration ne s'installe pas. D'autres échanges amoureux peuvent la remplacer, privilégiant les caresses, la tendresse et l'amour (séquence romantique).

Place à votre nouvelle sexualité !

Regardons les choses en face. La période de la grossesse sera particulière dans tous les domaines et donc aussi dans votre vie sexuelle. Cela semble illusoire de se dire « Non, ça ne changera rien » ou chez votre partenaire « Tout est normal, je ne vois pas la différence ». Votre activité sexuelle pendant la grossesse, votre intimité, votre relation à l'autre vont être dans la suite logique de ce qu'elles étaient avant ; la fréquence des relations, l'équilibre du désir dans le couple et les pratiques vous seront propres. Vous ferez ce qui vous convient. Il n'y a pas de norme ou de modèle à suivre qui pourrait vous faire culpabiliser ou vous alarmer si vous vous en éloignez. Vous faites ce qu'il vous plaît dans votre lit. Cela ne regarde personne.

Le problème, c'est quand la grossesse instaure une distance dans le couple : la mère se centre sur son nouveau pôle d'intérêt, s'éloigne de son compagnon qui devient un intrus dans la relation exclusive qu'elle installe avec son bébé... Le père a peur de faire mal, de déranger, d'être exclu : c'est un fossé qui se creuse et qui sera difficile à combler après la naissance.

Comme dans beaucoup de problèmes de relations humaines, le dialogue est une solution idéale : confier ses craintes, partager ses doutes, c'est éviter d'installer le trouble. Évoquez le sujet ouvertement, maintenez la complicité, protégez votre intimité et explorez de nouvelles voies.

Pour ouvrir le débat, vous pouvez partir sur ces questions-là :

- Et si on testait de nouvelles positions que le gros ventre ne gênera pas ?
- Il n'y a pas que la pénétration dans la vie... Vive les caresses !
- Et si on essayait le slow sex ?
- Oh, un massage coquin... c'est une bonne idée, non ?
- Il y a des jouets pour les bébés, mais il y a des jouets pour les adultes, non ?
- Viens, on imagine des scénarios !

Avec la nouvelle vie qui s'annonce, c'est à vous de trouver un nouveau chemin dans votre couple et d'établir une nouvelle géométrie, vous et l'enfant, qui ne laisse pas le duo des parents sur le côté.

Se préparer à devenir mère

La grossesse est une parenthèse, une période totalement particulière dans la vie d'une femme. C'est un voyage, un passage, une transition qui vous mène d'une identité à une autre, d'une façon de vivre à une autre, de femme à mère. Vous allez donner naissance à un enfant et à une maman.

Ces neuf mois sont comme un chemin, une maturation lente qui permet de se préparer à l'idée de ce changement. Pourtant, comme toute grande étape de la vie, devenir mère n'est pas simple. Comme il n'a pas été simple de passer de l'enfance à l'âge adulte. Comme il ne sera pas simple de vivre sa ménopause, ou de prendre sa retraite. La femme enceinte est très entourée, surveillée, préparée. L'accouchement est pris en main par des professionnels. Mais à sa propre échelle, comment s'y préparer ?

Un accouchement qui vous ressemble

Si, théoriquement, on ne doit s'inscrire dans une maternité qu'au cinquième mois (à partir du moment où l'Assurance Maladie prend en charge la grossesse à 100 %), il se peut que vous soyez forcée d'accélérer les choses, notamment si vous habitez dans une grande ville et que vous souhaitez accoucher dans un hôpital public ou un CHU. Dans ce cas-là, vous avez intérêt à vous inscrire au plus vite (presque dès que vous apprenez que vous êtes enceinte !) parce que vous ne serez pas la seule sur la liste d'attente… Certaines cliniques ont une telle réputation qu'il faut également se manifester très vite pour avoir la chance d'y accéder.

« Où est-ce que je vais accoucher ? » Voilà une des grandes questions qui va se poser à vous dès le début de la grossesse. Pour certains parents, elle peut faire l'objet d'une longue réflexion (quand on a le choix entre plusieurs possibilités) ou être rapidement réglée (là où vous habitez, il n'y a qu'un seul établissement qui puisse vous accueillir ; ou votre grossesse est à risque et vous devez accoucher dans un lieu médicalisé).

« Choisir » sa maternité

Il faut bien le reconnaître, le terme de « choix » n'est pas le meilleur. À vrai dire, il y a plusieurs critères qui vont vous orienter directement dans une voie toute tracée et qui ne sera peut-être pas celle dont vous avez rêvé : l'idée sera alors de faire « au mieux » selon les possibilités qui s'offrent à vous.

La proximité géographique

C'est l'un des critères les plus déterminants dans votre choix. Vous avez beau espérer un accouchement idéal, si l'établissement le plus proche de chez vous ne dispose pas des équipements dont vous rêvez… il faudra sans doute faire des concessions. Vous serez d'accord avec moi, l'idée de faire de très nombreux kilomètres alors que vous vivez des contractions régulières n'est pas la bienvenue.

Les niveaux de maternité

Un autre critère de choix est celui du type de prise en charge selon le niveau de sécurité dont vous aurez besoin pour accoucher. Tout dépend du niveau de risque de votre grossesse et ça, vous ne choisissez pas. Il existe donc plusieurs types de maternités en France : elles travaillent en réseau et vous pouvez être transférée dans un autre établissement en cas de nécessité :

- Les maternités de type 1 concernent les grossesses sans risques.
- Les maternités de type 2 peuvent gérer les petits prématurés (à partir de 32 SA).
- Les maternités de type 3 peuvent prendre en charge les grands prématurés (moins de 32 SA).

Selon votre état de santé, les éventuelles complications de votre grossesse, vos antécédents obstétricaux, votre médecin vous orientera sur tel ou tel établissement. Si vous habitez en Île-de-France, un nouveau site officiel recense les maternités publiques ou privées en donnant des statistiques qui permettent d'éclairer votre choix : www.accouchements.sante-idf.fr/accouchements

Un accouchement au naturel à la maternité

Si votre grossesse ne comporte aucune contre-indication, vous pourrez aller dans la direction d'un accouchement le plus naturel possible. Dans les maternités conventionnelles, la création d'« unités physiologiques » se développe. Il s'agit de salles dites « nature » qui accueillent les femmes désirant bénéficier d'un accouchement sans anesthésie péridurale, tout en garantissant une sécurité optimale pour la mère et pour l'enfant. Les couples sont reçus et entourés par l'équipe soignante, qui les accompagne pendant le travail, l'accouchement puis la surveillance post-partum.

À noter : il est indispensable que vous vous soyez préparée à l'accouchement avec l'accompagnant de votre choix. La présence de cet accompagnant actif en salle nature aide la future maman à faire les mouvements qui facilitent le travail.

Tout l'équipement nécessaire à une mise en route « naturelle » et confortable est disponible. Mais vous pouvez, par exemple, contrôler la lumière et la musique (donc préparez vos playlists !). Souvent, la salle dispose d'une baignoire pour se délasser, de « lianes » ou de sangles de suspension, un ballon permettant de mobiliser le bassin et d'accélérer la dilatation… La patiente peut se déplacer pendant le travail. Au moment de l'expulsion, elle peut, si elle le souhaite, se mettre sur le côté, accroupie…

La méthode adoptée est la plus physiologique possible, sans intervention médicale autre que celle relevant de la surveillance obligatoire. Pour cela, il faut que l'établissement soit non seulement équipé mais bénéficie du personnel disponible nécessaire (en gros, il ne faut pas que dix autres femmes accouchent en même temps que vous…). La future maman peut bénéficier d'une péridurale en cours de travail si tel est son souhait ; et, si la situation médicale l'impose, elle sera dirigée vers une salle d'accouchement adaptée.

Important : si jamais vous n'arrivez pas à vivre l'accouchement naturel dont vous rêvez parce que vos conditions de santé ne le permettent pas ou bien que la structure qui vous accueille ne peut vous le proposer, ne culpabilisez pas : vous pourrez vivre intensément la naissance, parce qu'il s'agit d'un événement inoubliable et que, quel que soit le cadre qui verra naître votre bébé, le plus important, c'est qu'il soit dans vos bras en bonne santé.

Les maisons de naissance

Encore plus orientées « accouchement naturel », les maisons de naissance sont des structures autonomes, gérées par des sages-femmes libérales, et adossées à un hôpital pour une éventuelle prise en charge. Elles permettent aux femmes dont la grossesse ne présente aucun risque d'être suivies dans le cadre d'un accompagnement global de la naissance. Aujourd'hui très peu nombreuses (8 seulement pour toute la France), elles ont été pérennisées et leur nombre va se développer avec l'ouverture de 12 nouveaux établissements en 2022. Si elles ont fait leurs preuves, il faut encore que ces structures trouvent leur place dans le monde impitoyable de la santé publique (cela occasionne beaucoup de débats entre les professionnels de la maternité).

Accoucher at home

Même s'il s'agit d'une pratique marginale et qui souffre de beaucoup d'a priori et de préjugés, il existe également la possibilité de rester chez soi pour un « accouchement accompagné à domicile », grâce à une sage-femme pratiquant cette méthode. Les futures mères qui sont en demande de cette pratique souhaitent vivre l'événement de la façon la plus physiologique et naturelle qui soit, mettant en avant leur besoin d'équilibre émotionnel, d'intimité et de pleine conscience. Il est pourtant très difficile, voire impossible, de trouver une sage-femme pouvant accompagner ce projet (ces professionnelles se voient refuser leur contrat de responsabilité civile professionnelle par les assureurs).

> Pour plus de renseignements, tournez-vous vers l'Association professionnelle de l'accouchement accompagné à domicile (www.apaad.fr).

Connaître l'équipe médicale

Peu importe « où », vous allez en croiser du monde ! C'est tout un univers de blouses blanches (ou roses, ou bleues, voire vertes) qui s'ouvre à vous. Vous serez peut-être un peu perdue entre tous ces spécialistes… et vous serez plus ou moins proche d'eux. Quoi qu'il arrive, ils sont tous là pour prendre en charge votre santé et celle de votre bébé et ils peuvent vous aider en toute situation. Promis : les questions qui vous semblent un peu idiotes leur semblent naturelles ! Pour savoir replacer qui est qui et savoir « pourquoi il est là, lui ? », faisons les présentations.

La sage-femme

C'est la partenaire privilégiée de la femme enceinte ! Elle assure la surveillance et le suivi médical de la grossesse et propose des séances de préparation à la naissance et à la parentalité. Elle garantit, en toute autonomie, la surveillance du travail et de l'accouchement. Après la naissance, elle dispense les soins à la mère et à l'enfant. Plus tard, elle pratique la rééducation du périnée. Elle assure donc ce que l'on nomme l'accompagnement global de la naissance. Vous pouvez être suivie par une sage-femme de l'hôpital, de la clinique ou installée en libéral.

Ses compétences ne se limitent pas à la période de la grossesse : elle assure le suivi gynécologique de prévention (elle réalise des échographies) des femmes tout au long de leur vie et leur prescrit leur contraception.

Elle peut se charger de la prévention contre les addictions, et notamment celle du tabac dans le cadre du suivi de grossesse.

De par sa proximité avec les femmes, la sage-femme a un rôle primordial dans la prévention et l'information. Elle participe au repérage des situations de violences faites aux femmes et peut les orienter vers des structures de prise en charge spécialisées ou rédiger des certificats médicaux descriptif.
#stopviolencesfaitesauxfemmes

Consultante en lactation
Pédiatre
Sage-femme
Anesthésiste
Gynécologue
Puéricultrice

Le gynécologue-obstétricien

Tout gynécologue n'est pas obstétricien : ce dernier est spécialisé dans le suivi de la grossesse et de l'accouchement, en particulier pour les naissances à risque. C'est lui qui réalise les césariennes (programmées à l'avance ou en urgence si un problème survient pendant le travail). C'est lui également qui est appelé par la sage-femme si l'accouchement ne se déroule pas comme prévu et qu'il est nécessaire d'utiliser des instruments (ventouse, forceps) pour faciliter la venue au monde du bébé.

L'anesthésiste

Vous l'aurez rencontré lors de la consultation obligatoire du huitième mois (même si vous êtes sûre de ne pas vouloir de péridurale) afin de dépister d'éventuelles contre-indications à l'anesthésie. Le jour de l'accouchement, ce n'est pas forcément le médecin que vous avez rencontré qui vous prendra en charge, mais, votre dossier étant établi, le praticien présent pourra parer à toute éventualité. L'anesthésiste vous posera la péridurale, que vous la souhaitiez dès le début ou si elle s'impose en cas de difficultés trop grandes ; il pratiquera une rachianesthésie pour une césarienne ou une anesthésie générale en cas de situation d'urgence.

Le pédiatre

C'est le médecin spécialiste des enfants de 0 à 18 ans. Il intervient parfois avant la naissance si une anomalie a été dépistée (infection, malformation vue aux échographies) ou s'il existe une maladie génétique familiale. Il participe alors aux décisions de l'équipe médicale et organise la prise en charge à la naissance en cas de besoin. En salle de naissance, il est responsable du bébé avec la sage-femme et le gynécologue-obstétricien. Il n'est pas forcément présent lors de l'accouchement si tout se passe bien mais il est toujours disponible 24 heures sur 24 pour intervenir rapidement si une anomalie survient pendant le travail ou après la naissance.

La puéricultrice

Il s'agit d'une infirmière diplômée d'État spécialisée dans le soin aux nourrissons, apte à la surveillance du régime alimentaire du nourrisson, aux soins du nouveau-né en réanimation ou encore au dépistage précoce des handicaps. Toutes les structures n'en disposent pas (dans ce cas, ce sont des sages-femmes ou des infirmières qui s'occupent du bébé après sa naissance).

La conseillère en allaitement ou consultante en lactation

Toutes les maternités ne comptent pas ces conseillères dans leurs équipes. C'est bien dommage ! Ce sont souvent des sages-femmes ou des infirmières ayant obtenu un diplôme ou une certification IBCLC (international board certified lactation consultant) qui vous aideront à mettre en route l'allaitement, vous conseilleront et vous aideront à régler les difficultés.

Témoignage

Merci les sages-femmes !

Lorsque j'ai su qu'il y avait un cabinet de sages-femmes libérales à dix minutes de chez moi (je ne savais pas que ça existait), je n'ai pas hésité une seconde. C'était pour ma première grossesse et j'y suis retournée six ans plus tard pour la deuxième.

Le suivi a été incroyable : un rendez-vous par mois pendant toute la grossesse, et deux sages-femmes que j'ai vues autant l'une que l'autre. La cerise sur le gâteau, c'est qu'elles avaient un plateau dans une maternité proche de chez moi, j'étais donc certaine que mon accouchement serait encadré par l'une d'elles. J'étais très à l'aise avec elles deux, peu importe qui serait là le jour J ! Suivie de près et hospitalisée les trois dernières semaines pour une cholestase, je leur ai fait entièrement confiance lorsqu'il a fallu déclencher l'accouchement à 36 semaines et 4 jours.

Être en confiance et avoir sa propre sage-femme pendant tout le travail a été pour moi un vrai luxe et je le conseille à toutes celles qui le peuvent ! Le suivi ne s'est pas arrêté là puisqu'elles ont vu ma fille deux fois au cabinet et qu'elles m'ont accompagnée tout au long de ma rééducation périnéale. Je me sens chanceuse quand j'entends les autres témoignages et je suis très reconnaissante d'avoir croisé leur chemin au bon moment, c'est-à-dire à l'aube de ma première grossesse. Je ne les remercierai jamais assez de m'avoir fait vivre deux accouchements incroyables !

(Élise, 37 ans, maman de Eden et Noa, @elise_life_)

Les préparations à l'accouchement

À partir du quatrième mois, quand les angoisses et les tracas du premier trimestre s'estompent, la question de l'accouchement se précise dans votre esprit. Et bientôt, vous ne penserez plus qu'à ça. Pour un tel événement, majeur dans votre existence (#leplusbeaujourdemavie), vous n'allez pas laisser la place à l'improvisation (même si, pendant des siècles, on n'a rien préparé du tout…).

L'Assurance maladie prend en charge un cycle de 8 séances de préparation à l'accouchement, à condition que celles-ci soient réalisées avec un médecin ou avec une sage-femme : le premier rendez-vous est l'entretien prénatal précoce (obligatoire) du quatrième mois qui permet d'exprimer vos besoins en accompagnement et de planifier les séances. En général, celles-ci ont lieu entre le sixième et le huitième mois, pour avoir le temps de pratiquer les exercices et pour être prête au cas où le bébé serait un peu en avance.

Individuelles ou collectives, ces rencontres ont pour but de rassurer en expliquant le déroulement de l'accouchement, en apprenant à se relaxer pour mieux appréhender la douleur notamment grâce à la respiration. De plus en plus souvent, des séances « spéciales papa » sont organisées pour leur permettre de poser les questions qui les angoissent et leur montrer comment accompagner au mieux leur partenaire.

Les différentes méthodes

Il existe plusieurs méthodes de préparation à l'accouchement, à choisir selon vos besoins, vos attentes, mais aussi votre budget (certaines ne sont pas remboursées).

Faisons le tour de ce qui s'offre à vous, du plus traditionnel au plus alternatif ! Vous trouverez forcément quelque chose qui vous correspond.

Astuce

Ne passez pas à côté !

De nombreuses futures mamans ne suivent pas ces séances (horaires inadaptés ou distance trop grande) en faisant valoir que la péridurale les aidera à accoucher : il ne faut pas oublier que l'anesthésie n'est pas toujours possible, qu'elle a parfois des ratés… et que l'on peut alors regretter de ne pas avoir appris à se détendre et à gérer la douleur. Et puis… se préparer à l'accouchement, ce n'est pas qu'une question de gestion de la douleur ! C'est un moment précieux à savourer à deux (ou plutôt à trois !). Des liens se créent, et tout devient concret. Si vous, vous sentez quotidiennement que bébé est là… pour le papa, c'est une autre affaire !

« L'accouchement sans douleur »

Aujourd'hui nommée « psycho-prophylaxie obstétricale » (PPO) (c'était plus clair avant !), c'est la méthode pour celles qui ont besoin d'être rassurées. Elle commence avec une grosse partie théorique où la sage-femme explique tout le processus de l'accouchement, montre la progression du bébé dans le bassin, répond à toutes les questions et, ainsi, permet de mieux comprendre ce qui va se passer. Ensuite, place à la pratique : la sage-femme enseigne comment gérer les contractions grâce à la respiration. Elle explique les positions à adopter pour soulager les douleurs dorsales et lombaires, apprend à basculer le bassin vers l'avant, à prendre conscience du périnée et à le tonifier.

La sophrologie

Parfaite pour celles qui ont besoin de prendre confiance en elles. Des sages-femmes spécialement formées proposent cette méthode de relaxation souvent au sein même de la maternité. Elle est basée sur des techniques de respiration que la future maman va apprendre à maîtriser. En utilisant la visualisation et la projection positive, elle permet également de dépasser les angoisses liées à l'accouchement : imaginer le déroulement sans encombre, la première rencontre avec bébé… donne l'impression de « savoir à quoi s'attendre » et rassure la future maman.

La grande détente qui s'opère pendant une séance permet de se connecter avec le bébé, de se mettre dans une bulle, que l'on pourra plus facilement retrouver si l'accouchement est difficile.

Le yoga prénatal

La préparation de celles qui veulent être en forme ! Si vous pratiquez déjà le yoga ou si vous souhaitez commencer à l'occasion de la grossesse, la pratique cherche à établir l'harmonie entre le physique et le mental, tout en faisant un travail musculaire complet mais en douceur. Les techniques de yoga vous permettent de travailler le souffle, la tonicité du corps et les sensations en prenant conscience de ce qui se passe dans votre corps. La préparation peut être plus ou moins active selon les approches ; elle permet de gagner en souplesse et en sérénité… tout ce dont on a besoin pour accoucher. Après la naissance, la pratique se poursuit pour aider à tonifier et à assouplir le corps.

La méthode de Gasquet

Idéale pour celles qui veulent une méthode au naturel. Mise au point par une gynécologue et professeure de yoga, le docteur Bernadette de Gasquet, elle porte aussi le doux nom d'« approche posturo-respiratoire » (APOR). Grâce à des exercices posturaux et respiratoires tirés du yoga, la future maman devient actrice de la naissance : les séances font pratiquer des étirements, suspensions, massages (auxquels les papas prennent totalement part), une utilisation du ballon ou de coussins de positionnement afin de permettre aux femmes de prendre conscience de l'avancée du travail et de l'accompagner par le mouvement. La méthode préconise notamment de changer de position pendant le travail, de mobiliser le bassin pour favoriser la bonne orientation de la tête et la descente, le fait d'accoucher sur le dos n'étant pas la plus physiologique.

La préparation en piscine

Pour accompagner celles qui aiment l'eau. Vous aurez besoin d'un certificat médical pour la pratiquer afin d'éloigner toute contre-indication. Vous n'avez pas besoin de savoir nager, les exercices étant effectués dans un bassin de 1 à 1,20 mètre de profondeur. Dans l'eau, le corps porté relâche ses tensions, ce qui soulage les maux de dos, la circulation sanguine difficile, etc. : la future maman peut se concentrer sur sa respiration et apprendre à freiner l'expiration pour avoir des poussées plus longues.

L'haptonomie

Parfaite pour les plus sensibles, celles qui veulent une préparation « affective ». Plus encore qu'une préparation à la naissance, l'haptonomie est un véritable accompagnement, une façon d'entrer en contact avec le bébé. Gros avantage : papa participe activement pour communiquer avec son enfant. On dit qu'il s'agit d'une « relation d'amour interactive » ! Elle peut démarrer dès que l'on sent le bébé bouger, grâce au toucher affectif, l'objectif étant de montrer à l'enfant qu'il est aimé et attendu, lui donnant ainsi un sentiment de sécurité. Vous pouvez jouer en invitant votre bébé à se déplacer, lui communiquer votre amour et votre tendresse, le bercer pour vous détendre. Le bébé est réactif : vous créez un lien entre vous, entre le père et lui, qui facilitera l'accouchement et aura encore des effets positifs après la naissance.

Les bénéfices de l'haptonomie s'étendent à la césarienne. Cette opération, surtout si elle n'est pas prévue, peut être vécue comme un traumatisme. Elle peut rendre plus difficile la création du lien mère-enfant, donner l'impression que l'accouchement a été « volé » ou subi. Dans le cadre de la préparation à la naissance, l'haptonomie permet de créer du lien entre les parents et l'enfant, lui donnant un sentiment de sécurité : au moment de la naissance par césarienne, quand la mère manque de sensations, le père peut continuer de communiquer avec l'enfant pour le rassurer.

Le chant prénatal

Si vous avez envie de vous exprimer ! Il s'agit plutôt d'un complément à la préparation à l'accouchement, la pratique n'étant pas conventionnée. Les sons ont un impact sur le corps... Cela dit, ne vous attendez pas à chanter des tubes, mais plutôt à pratiquer des « vocalises » (essentiellement avec des sons graves) qui font travailler et détendent les muscles sollicités lors de l'accouchement (sangle abdominale, diaphragme, périnée...). Grâce au travail respiratoire, au travail sur la posture du corps, vous pourrez mieux maîtriser votre souffle, pratiquer la bascule du bassin et assouplir votre périnée. Le chant prénatal est en outre une excellente façon de communiquer avec le bébé, qui réagit aux vibrations qui parcourent le corps de sa mère. Après la naissance, ces sons seront très apaisants pour le bébé, qui les reconnaîtra.

La méthode Bonapace

Pour ceux qui veulent tout vivre à deux. Imaginée au début des années 1990 par une Canadienne spécialiste de la parentalité et de la gestion de la douleur, la méthode Bonapace combine la digitopression, la relaxation et les massages. C'est une voie vers un travail physiologique, visant à limiter la médicalisation, reposant sur la confiance des futurs parents en leur capacité à vivre la grossesse et l'accouchement. Entre deux contractions, le père pratique des massages doux et des pressions plus fortes sur les points « gâchettes » : c'est une sorte de leurre pour le cerveau, qui déporte son attention sur ce nouveau point et atténue ainsi la douleur de la dilatation. Cela s'accompagne de visualisation positive et de concentration sur la respiration, menée par le partenaire. Ainsi, le couple est vraiment engagé à deux dans l'arrivée de son enfant.

Lundi : yoga
Mardi : chant prénatal
Mercredi : haptonomie
Jeudi : ...
zzz
On a peut-être un peu abusé, là

Tu le savais ?

Une doula, c'est quoi ?

Vous avez sans doute déjà entendu ce mot… mais ne savez pas qui se cache derrière. Selon l'Association des doulas de France : « Une doula est une femme aux côtés de la femme enceinte et de ceux qui l'entourent, elle est à l'écoute de ses désirs, ses besoins et la suit dans ses choix. Elle propose un accompagnement dans la continuité, une relation de confiance, de complicité et d'intimité de femme à femme*. »

Il est rare qu'une femme soit suivie par la même personne tout au long de sa grossesse. Si la mère est suivie par un obstétricien, il n'arrivera qu'à la fin de l'accouchement. Après la naissance, pour l'allaitement, la jeune maman rencontre encore d'autres personnes, puéricultrices, infirmières, auxiliaires, pédiatre… qu'elle ne connaît pas.

La doula peut représenter une interlocutrice qui assurera une relation suivie du début à la fin de la grossesse, lors de l'accouchement et jusqu'aux 3 ans de l'enfant. C'est une alliée, une aide précieuse grâce à son savoir-faire, une source d'informations (le futur papa trouve en elle une personne à qui il peut poser toutes les questions qui l'angoissent, sans crainte d'être jugé), un soutien pour la mise en place des soins au bébé, pour l'allaitement… Elle rassure, elle aide, elle permet d'établir un sentiment de sécurité dont les parents ont vraiment besoin. Si elle ne peut assurer de gestes médicaux, la doula est un complément à la sage-femme qui assure l'accompagnement global de la grossesse.

Pour en savoir plus, je vous conseille de vous plonger dans l'univers de Leslie Lucien avec *À l'écoute de la naissance, récit d'une doula*.

Pensez-y : les prestations de la doula peuvent être ajoutées sur la liste de naissance !

*Source : www.doulas.info.

Maternité jolie

L'accès au statut de mère s'accompagne souvent d'une image d'Épinal qui veut que la femme devenue mère se sente accomplie, épanouie, heureuse. Qu'elle soit enfin « validée » en tant que femme ayant « fait son devoir » et que, de ce fait, elle doive forcément se réjouir. Les réseaux sociaux véhiculent aujourd'hui cette injonction à la maternité heureuse en nous montrant de jeunes accouchées, minces, bébé joufflu sur la hanche, dans un salon où ne traînent ni jouets éparpillés, ni pile de linge à repasser. C'est ce décalage entre l'image parfaite de la #happymum et votre reflet dans le miroir, cernes marqués, cheveux plats et jogging lâche, qui fait le plus mal.

Osons le dire, ça ne sera pas facile tous les jours. Il y aura des moments où vous aurez envie de ramener le poupon au magasin. Mais il y aura aussi des bonheurs, des émotions, des bouffées d'amour qui feront oublier toutes les nuits en pointillé, les pleurs qui vrillent les oreilles et les couches qui débordent. Sinon, on ne recommencerait pas.
Sinon, plus personne n'aurait d'enfants.

Je suis en « congé »

Votre statut de mère, vous allez commencer à l'accepter, à y songer, à le revêtir… dès le début de votre congé maternité. L'expression « congé » (qu'il soit suivi de maternité ou de paternité, d'ailleurs) peut prêter à sourire… On est loin des vacances où l'on peut prendre du temps pour se reposer… D'ailleurs, à partir du moment où vous avez un enfant, il faudra aussi revoir le sens que prend le mot « vacances » : vous pouvez d'ores et déjà vous préparer psychologiquement.

On parle ici d'une période où vous n'allez pas exercer votre activité professionnelle. Mais vous allez entrer en apprentissage de votre métier de parents. Tout est dans la nuance !

La durée

La durée du congé maternité est variable en fonction du nombre d'enfants à naître ou déjà à charge. Si vous êtes salariée et que :

- Vous attendez votre premier ou votre deuxième enfant, le congé maternité s'élèvera au total à 16 semaines (6 semaines de congé prénatal et 10 semaines de congé postnatal).

- Si vous attendez des jumeaux, vous aurez droit à 34 semaines au total (12 semaines de congé prénatal et 22 en postnatal).

- Si vous attendez des triplés ou plus, vous aurez bien besoin de 46 semaines au total (24 semaines de congé prénatal et 22 semaines de congé postnatal).

- Si vous attendez votre troisième enfant ou plus et que vos autres enfants sont à charge et/ou sont nés viables, votre congé maternité s'élèvera à 26 semaines au total (8 semaines de congé prénatal et 18 semaines de congé postnatal).

Le montant des indemnités

Vous aurez droit à des indemnités journalières, calculées selon votre salaire de base. Difficile d'être plus précis puisque tout dépend de votre situation, notamment si vous êtes salariée dans le domaine privé ou public. Pour les autres cas de figure (indépendante, autoentrepreneuse...), il existe tellement de règles qu'il convient de vous rapprocher de l'Assurance maladie pour connaître vos droits. Pour vous faire une idée plus concrète, vous retrouverez un simulateur sur www.service-public.fr/particuliers/vosdroits.

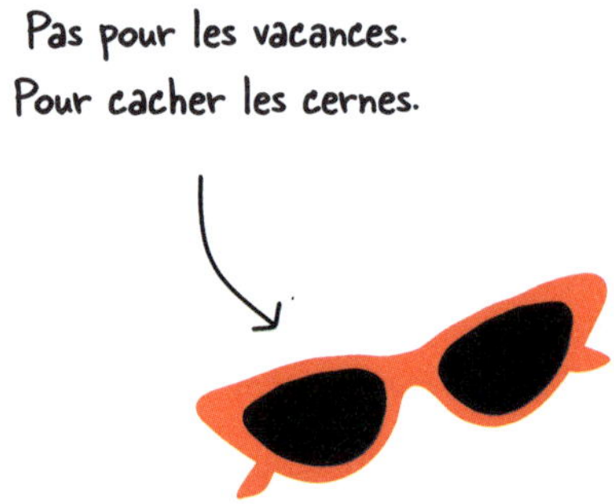

Le congé paternité

Un grand progrès a été fait du côté du congé paternité depuis le 1er juillet 2021 : la durée du congé paternité et d'accueil de l'enfant a été doublée – elle est désormais de 28 jours contre 14 jours auparavant. Sont compris les 3 jours de congé de naissance financés par l'employeur, qui se cumulent aux 25 jours indemnisés par la Sécurité sociale. En cas de naissances multiples, la durée est aussi augmentée : elle est portée à 32 jours contre 18 auparavant. Le congé adoption est également allongé à 16 semaines.

> Pour entrer sereinement dans sa nouvelle vie de parent, il est nécessaire de prendre ce temps pour soi et pour sa famille. Un des premiers pas pour un papa impliqué : prendre son congé !

3 rojet de naissance

Vous vivez votre grossesse à 100 % et vous voudriez que votre accouchement soit un moment personnel qui corresponde à vos valeurs et à vos choix. Vous idéalisez peut-être un peu, mais vous voudriez vivre une apothéose émotionnelle, un miracle, un feu d'artifice d'amour !

L'entretien prénatal précoce avec la sage-femme (à partir du quatrième mois) vous permettra d'échanger autour de vos attentes, vos interrogations, vos difficultés éventuelles (médicales, sociales, psychologiques). Ce sera l'occasion de commencer une réflexion autour de votre « projet de naissance ». Exprimer ses souhaits au sujet du déroulement de l'accouchement permet de se sentir plus « acteur » de cet événement.

Pour ce faire, il est possible de rédiger un document qui exprime ses envies, ses craintes, et fera connaître ses préférences aux personnels de santé qui vous accompagneront pendant la naissance de votre enfant.

À vos stylos !

Bien souvent, poser les choses par écrit permet de calmer le flot de pensées qui vous assaillent à l'approche de la naissance. Vous aurez le sentiment de mieux maîtriser cet événement assimilable à un saut dans l'inconnu ! Vous allez y décrire votre accouchement idéal tout en sachant que cet événement laisse beaucoup de place à l'imprévu : exprimez vos souhaits en gardant à l'esprit que vous devrez être flexible.

Ce document n'a pas de valeur juridique : ce n'est pas un contrat que vous pourrez ressortir en cas de problème pour exiger réparation ! C'est une sorte d'accord mutuel entre vous et le personnel soignant, le résultat d'un dialogue, qui permet de préparer le moment et d'envisager les complications. Il est suivi au maximum par les équipes médicales : si tout se passe bien, il sera respecté le mieux possible.

En revanche, en cas de demandes farfelues ou d'urgence médicale, il sera mis de côté pour préserver la sécurité de la mère et de l'enfant. En gros, même si vous avez souhaité un accouchement le plus physiologique qui soit, en cas de souffrance fœtale, les grands moyens seront utilisés pour accélérer les choses.

Nuance !

Vous « souhaitez » plutôt que vous « voulez »

Dans la rédaction de votre projet de naissance, sous la forme d'une lettre que vous adressez au personnel soignant (la version adulte de la lettre au Père Noël !), évoquez plutôt des souhaits que des exigences. Vous devez être dans le dialogue et ne pas « braquer » les professionnels qui vont s'occuper de vous (ils sont souvent débordés et n'auront pas envie de répondre à un ton autoritaire). Vous pouvez glisser une phrase du type : « J'ai conscience de n'exprimer que des souhaits et qu'ils ne seront pas forcément réalisables selon les imprévus. Je fais entièrement confiance aux équipes de soignants pour les respecter de leur mieux tout en leur laissant la liberté de prendre les meilleures décisions possibles pour la santé de mon bébé et la mienne. »

Expliquez pourquoi votre demande est importante pour vous.

Vous pensez manquer de créativité ? Faisons le point.

Évoquez l'accompagnement

C'est primordial pour être rassuré ! Si vous avez envie d'être épaulée par votre partenaire en cas de césarienne, un autre membre de votre famille ou votre doula, par exemple, il faut prévenir pour ne pas froisser la susceptibilité du personnel soignant.

Parlez aussi de l'ambiance

Si vous avez envie d'être dans votre « bulle », de bénéficier d'une salle « nature » et de ses équipements, de lumières tamisées quand les gestes médicaux ne nécessitent pas un éclairage plus vif, de musique, de chaleur... précisez-le.

Demandez à être informée

Vous pouvez rappeler que vous souhaitez que chaque acte réalisé, même s'il est considéré comme obligatoire, bénéficie de votre « consentement libre et éclairé », qu'on vous l'explique et que vous soyez d'accord.

Évoquez l'apaisement de la douleur

Thème central de la naissance : comment souhaitez-vous apprivoiser la douleur ? Par exemple, si vous voulez pouvoir marcher, utiliser un ballon, bouger... il est important de le préciser pour que le monitoring soit ambulatoire, par exemple. Dites aussi si, pendant le travail, vous ne voulez pas rester allongée, que vous voulez être libre de trouver la position qui vous convient le mieux, notamment si la position gynécologique ne vous satisfait pas. Et, bien sûr, parlez de la péridurale : voulez-vous attendre une dilatation de tant de centimètres avant de la recevoir ? ou ne pas en avoir du tout (et vous faire aider par des encouragements lors des moments les plus difficiles) ? En cas de péridurale, vous pouvez aussi demander à pouvoir gérer vous-même l'administration grâce à une pompe.

Réfléchissez aux interventions

Vous pouvez expliquer que vous préférez que les gestes invasifs soient limités (notamment les touchers vaginaux), que vous ne souhaitez pas d'injection d'ocytocine pour accélérer le travail, que vous préférez privilégier une déchirure naturelle plutôt qu'une épisiotomie. Il est également possible de demander à accompagner la sortie de votre bébé (dont le partenaire se chargera si la maman ne le peut pas) en le saisissant quand les épaules sont sorties et à le poser directement sur votre ventre.

En cas de césarienne, vous pouvez expliquer que vous ne souhaitez pas être attachée, ou seulement du côté où est posé le cathéter de l'anesthésie. Vous pouvez demander que votre partenaire coupe le cordon, et que ce geste ne soit réalisé que lorsque le cordon a cessé de battre (ou au moins attendre au maximum).

Pensez à l'après-accouchement

Pour les premiers instants avec votre bébé, vous pouvez demander à pouvoir faire du « peau-à-peau », c'est magique ! En cas de césarienne ou pendant que l'on termine les soins sur la jeune maman, le partenaire peut s'en charger. Vous pouvez préciser que vous souhaitez que bébé soit mis au sein le plus rapidement possible, que vous préférez rester dans le calme, la chaleur et l'intimité en évitant au maximum les interventions qui risquent de perturber ce moment que vous voulez partager à trois. Si possible, demandez que les soins obligatoires du bébé attendent un peu et soient faits en présence des parents. Le premier bain donné au bébé peut par exemple être remis à plus tard. Si vous souhaitez allaiter, vous pouvez refuser que l'on donne du lait artificiel à votre enfant et solliciter que l'on vous aide pour la mise en place du processus.

Oui mais...

Parfois, tout ne se passe pas comme prévu

Établir un projet de naissance : c'est formidable ! Cela permet de se projeter, de faire participer le papa aux réflexions en attendant le grand jour. Dans un sens, c'est aussi une manière d'entrer dans le monde de la parentalité en faisant équipe !

Mais si certains de vos souhaits ne sont pas exaucés, ne vivez pas ça comme un échec. La plupart du temps, dans le feu de l'action, tout ne peut pas être appliqué. Mais l'aventure ne se résume pas à la première déception. C'est ce qu'explique Camille (@lesbonheursdecamille) :

J'avais rédigé un projet de naissance lors de mon troisième trimestre de grossesse. Je savais pertinemment que rien n'était figé, l'accouchement étant fait de grandes surprises. Mais je tenais à transmettre à l'équipe médicale mes souhaits pour la grande rencontre avec mon bébé. Le projet n'a pas vraiment pu être suivi, mon fils est né par césarienne programmée. J'ai souffert de ne pas avoir pu prendre mon bébé sur moi immédiatement après sa naissance. Tout est allé très vite. Néanmoins, mon compagnon a pu réaliser un peau-à-peau quelques minutes après la naissance de notre fils, c'était très important pour nous. Je suis heureuse qu'ils aient pu partager ce moment-là tous les deux. Finalement, après deux heures en salle de réveil, j'ai pu réaliser une tétée d'accueil… Elle me tenait particulièrement à cœur et figurait d'ailleurs dans mon projet de naissance initial.

La péridurale

J'aimerais revenir un moment sur l'un des points évoqués ci-dessus : la péridurale. Voilà un des sujets majeurs autour duquel votre esprit va carburer pendant les neuf mois de votre grossesse : est-ce que je vais la demander ? Est-ce que je l'aurai en temps et en heure ? Est-ce vraiment une solution magique ? La demander alors qu'on ne la souhaite pas au départ, est-ce un échec ?

Que vous la souhaitiez ou pas, elle sera sûrement au cœur de vos inquiétudes : même si elle est aujourd'hui totalement associée à l'accouchement (il y a encore trente ans, c'était un geste exceptionnel, très cher et peu courant), si elle a permis de gagner une forme de liberté en sortant de la malédiction « *Tu enfanteras dans la douleur* », elle fait toujours peur. Et c'est normal ! Il s'agit d'un geste médical qui, s'il est extrêmement sûr, garde une part de risques.

Malgré tout, en parler fait toujours débat, allant jusqu'à attirer les foudres sur celle qui prend position (comme pour l'allaitement). Ici, soyons dans le registre #tolérance #bienveillance #chacunfaitaumieux.

Techniquement, qu'est-ce que c'est ?

La péridurale est une technique d'anesthésie « locorégionale », elle ne concerne que les nerfs en bloquant la transmission des douleurs des contractions utérines. Elle est posée à partir du moment où vous entrez en salle d'accouchement, au moment jugé adéquat par la sage-femme ou l'obstétricien en fonction de la dilatation du col et de l'intensité des contractions. Là, le médecin anesthésiste vous fera vous mettre en position assise et vous fera arrondir le dos.

Après la désinfection, il palpe votre dos pour trouver ses repères entre deux vertèbres lombaires. Il réalise une anesthésie locale de la peau. Ensuite, avec une aiguille particulière, il insère un tuyau très souple (un cathéter) entre deux vertèbres lombaires à proximité des nerfs. Ce cathéter est ensuite scotché sur votre dos et relié à un système d'injection automatique.

Par ce cathéter, le médecin anesthésiste pourra injecter des anesthésiques locaux et autres médicaments qui pourront agir au bout de dix à vingt minutes. Ensuite, l'anesthésie est maintenue par des réinjections qui sont réalisées soit par une pompe automatique, soit par le médecin anesthésiste ou la sage-femme ou par vous-même grâce à un bouton-poussoir.

La grande majorité des femmes peuvent bénéficier de cette technique, les contre-indications étant rares – par exemple des troubles de la coagulation comme la baisse des plaquettes au cours de la grossesse. Certaines maladies neurologiques ou cardiaques graves ou des maladies de la colonne vertébrale peuvent aussi empêcher l'utilisation de la péridurale.

Des risques faibles

Le risque encouru est essentiellement celui d'un échec de pose de la péridurale, souvent pour des raisons anatomiques, ce qui reste exceptionnel. La femme peut ressentir des douleurs de dos ou des maux de tête liés à l'existence d'une petite brèche réalisée soit lors de la pose de la péridurale par le médecin anesthésiste, soit en raison d'un mouvement brusque de la patiente lors de cette pose. Cela se corrige très bien grâce à un patch qui permet de boucher cette petite ouverture.

Parfois, des baisses modérées de la pression artérielle peuvent survenir, plus rarement des malaises. Ces risques ont été corrigés par un allègement des doses de la péridurale et par l'injection de médicaments qui font remonter la pression artérielle.

Rappelons que la péridurale est aussi et surtout une technique d'anesthésie sécuritaire dans un contexte de travail obstétrical compliqué. Dans le cas d'une césarienne en urgence, la péridurale peut permettre d'éviter l'anesthésie générale et donc, pour la mère, de rester consciente. De plus, le risque anesthésique est plus important en anesthésie générale qu'en péridurale (même s'il est très bien maîtrisé).

Idées reçues

Les légendes urbaines autour de la péridurale

De nombreuses craintes et croyances persistent autour de la péridurale. Christelle Wesoly, infirmière anesthésiste au CHR de Metz, nous aide à déceler le vrai du faux.

▶ « Est-ce que je risque d'être paralysée à cause de la péridurale ? » Non, et heureusement ! À l'endroit où est inséré le cathéter péridural, il n'y a pas de moelle épinière. Donc pas de risque de lésion de moelle.

▶ « La péridurale peut-elle m'empêcher d'accoucher ? » Si elle n'est pas surdosée, la péridurale n'empêche pas d'accoucher. Désormais, les anesthésiques locaux utilisés sont moins concentrés qu'il y a quelques années. Cela permet à la future maman de ressentir le passage de son bébé sans avoir mal et d'être active lors de la naissance de celui-ci. Le système de pompe à injection contrôlée par la parturiente permet un dosage en adéquation avec le ressenti de celle-ci.

▶ « Tant mieux, moi je ne veux absolument RIEN sentir. » La péridurale n'est pas une anesthésie générale, la parturiente doit être actrice de son accouchement.

▶ « Et si je n'arrive pas à avoir la position adéquate pour la pose de la péri ? » Globalement, les femmes sont pleines de ressources et se sous-estiment. Elles arrivent finalement toutes à prendre la bonne position (assise ou plus rarement en décubitus latéral).

La césarienne

Pendant l'accouchement, voici un autre événement qui peut faire peur (c'est un acte chirurgical). La césarienne est redoutée et peut être mal vécue… C'est pourtant une solution qui permet d'éviter des complications.

S'il existe des demandes de césarienne formulées par les futures mamans, la plupart du temps elle vous est proposée pour répondre à une difficulté qui rend impossible l'accouchement par voie basse – c'est le cas d'un accouchement sur cinq !

Dans quels cas la pratique-t-on ?

Elle peut être programmée dans différentes situations : un antécédent de césarienne (mais ce n'est pas systématique), une mauvaise présentation du bébé (notamment en siège), un bassin maternel trop étroit, une grossesse multiple, un virus contracté par la mère, une pathologie fœtale… Elle peut être aussi envisagée en urgence en cours d'accouchement, le plus souvent en cas de souffrance fœtale, s'il existe un risque de rupture utérine ou encore si le travail n'est pas assez efficace.

Si elle est donc justifiée pour toutes ces raisons, elle fait peur… parce que le phénomène si naturel de la naissance devient un acte chirurgical avec des conséquences plus lourdes (même si certaines déchirures du périnée peuvent sembler aussi invalidantes que des cicatrices de césarienne). La durée du séjour à la maternité est allongée, les premiers soins du bébé nécessitent de l'aide, le transit intestinal ne rentre pas dans l'ordre tout de suite… mais, surtout, les répercussions les plus notables sont d'ordre psychologique, plus difficiles à cerner et certainement plus longues à résorber.

Culpabilité, frustration sont souvent au rendez-vous. Mais il y a aussi beaucoup de césariennes qui se passent très bien et que les mères vivent sans difficulté, rassurons-nous !

Un sentiment de culpabilité

La culpabilité de la majorité des femmes césarisées est grande, avec le sentiment douloureux de ne pas avoir été « capables », de ne pas avoir rempli leur rôle et leur devoir : en cause, l'image de la femme qui doit souffrir et se sacrifier pour mériter le titre de « bonne mère ». Cette sacralisation de la douleur est un véritable problème qui peut avoir des conséquences psychologiques importantes, notamment dans le risque de dépression du post-partum.

Les accouchées par voie basse oublient la douleur. Les césarisées gardent le souvenir gravé dans leur chair et voient cette cicatrice toute leur vie. Il faudrait se faire tatouer une phrase, juste au-dessus : « Tu es né de mon ventre et cela fait de moi la meilleure mère qui soit pour toi ! » (quoique ça risque de prendre de la place). Sans doute faudrait-il mieux intégrer l'éventualité de la césarienne dans la préparation à l'accouchement et le projet de naissance (exprimer son souhait que le partenaire soit présent, par exemple).

Même si elle reste assez traumatisante, il faut savoir qu'aujourd'hui, de nouveaux protocoles permettent de réduire les mauvais souvenirs de l'intervention. On pratique la RAAC (réhabilitation accélérée après chirurgie) pour que la mère puisse retrouver son état normal le plus rapidement possible. La durée de l'hospitalisation est raccourcie – on entre le jour même de la césarienne et l'on sort rapidement. Le but est de considérer qu'il n'y a rien de pathologique : la femme enceinte vient au bloc à pied jusque sur la table d'opération, le père est présent pendant l'intervention et il sera là avec le bébé en salle de réveil. On retire la perfusion et la sonde urinaire très rapidement, on peut boire dès qu'on se trouve dans la salle de réveil...

Le déroulement de l'accouchement

Il existe autant d'accouchements différents qu'il existe de femmes. Pourtant, pour toutes, le processus est le même avec des phases identiques, plus ou moins longues, plus ou moins difficiles... Et au bout le même objectif : rencontrer cette petite personne toute neuve qui va faire de vous une maman. Certes, c'est un scénario qui se répète depuis des millénaires mais... votre épisode sera sûrement le plus beau ! Reprenons ce qui vous attend, étape par étape. (C'est toujours plus rassurant quand on sait à quoi s'attendre.)

Le travail est lancé !

Le « travail », c'est toute la période de dilatation du col de l'utérus grâce aux contractions, de plus en plus fréquentes et de plus en plus fortes. Cette phase commence chez vous, à moins que vous ne soyez déjà hospitalisée pour contrôle. Elle peut être très longue, surtout pour un premier enfant. Les trois premiers centimètres de dilatation sont les plus longs à atteindre, et ensuite le travail s'accélère.

On dit généralement qu'il faut attendre d'avoir des contractions régulières, toutes les cinq minutes. Ce rythme peut s'installer après des heures de travail où les contractions seront beaucoup plus irrégulières. En cas de doute : appelez la maternité pour demander ce qu'il en est, on vous dira si c'est le moment. Si vous avez perdu le bouchon muqueux, demandez à votre sage-femme s'il est temps de venir. Si vous n'avez pas de contractions, ça n'est sûrement pas nécessaire. Si la poche des eaux s'est rompue, rejoignez la maternité sans attendre.

L'arrivée à la maternité

À la maternité, la sage-femme va contrôler votre travail en mesurant l'ouverture du col et sa tonicité. Une fois que vous aurez dépassé les 3 centimètres, vous pourrez être installée en salle de naissance, où vous attendrez d'arriver aux 10 centimètres de la dilatation totale. On vous installera un monitoring qui permet de surveiller les contractions et le rythme cardiaque du bébé.

C'est dans cette phase que vous allez devoir gérer la douleur. Vous mettrez en pratique les exercices de respiration que vous avez appris pendant la préparation à l'accouchement, votre partenaire sera là pour vous soulager par des massages, des compresses chaudes ou toute autre méthode dont vous vous serez convenus. Vous pourrez marcher, utiliser le ballon, prendre un bain… et chercher la meilleure position pour atténuer la douleur. Si vous la souhaitez, c'est à ce moment-là que vous demanderez la péridurale.

« Poussez, madame ! »

Une fois que le col de l'utérus est dilaté totalement, la porte est ouverte pour que le bébé puisse venir au monde : engagé dans la descente, il fait une rotation pour adopter la meilleure position pour passer. Il lui reste une dizaine de centimètres à parcourir pour montrer le bout de son nez (ou ses fesses s'il arrive en siège, ce qui peut demander une intervention obstétricale). Les contractions sont les plus fortes et les plus rapprochées (toutes les une à deux minutes) : sans péridurale, la mère éprouve une envie irrépressible de pousser. La sage-femme est là pour lui indiquer comment le faire efficacement.

Vous serez surprise d'apprendre qu'il existe plusieurs façons de pousser, selon vos préférences, votre bien-être et selon le contexte de l'accouchement. On parle de :

La poussée expirée

Il s'agit de pousser en laissant passer un filet d'air entre les lèvres pincées. Les poumons ne se vident donc pas complètement. Cette technique assurerait une moins grande accumulation de CO_2 dans le sang de la mère et du bébé. Elle est moins puissante que l'autre méthode, mais exerce moins de pression sur le périnée.

La poussée avec air retenu

On pousse en retenant son souffle, tout en dirigeant l'effort vers le bas du corps, c'est-à-dire vers le rectum et le périnée. Cette méthode permet une poussée plus puissante, ce qui est utile quand il faut que l'enfant sorte rapidement. En revanche, elle exerce une pression plus forte sur le périnée.

Alors oui, ça peut arriver. Mais il n'y a rien de grave, même si on peut comprendre que ça vous angoisse. Personne ne se moquera de vous. Les sages-femmes en ont vu d'autres ! Si l'ampoule rectale est pleine, quand le bébé passe, cela fait « effet tube dentifrice » et hop ! tout sort en même temps. Beaucoup de futures mamans effectuent un lavement lorsque, chez elles, elles commencent à ressentir les premières contractions pour être plus sereines… mais ce n'est pas toujours recommandé. Sachez une chose : c'est tout à fait naturel !

La naissance

Là aussi, chaque naissance est différente. Certains arrivent vite, d'autres ont plus de difficultés. L'« expulsion » (le mot n'est pas joli joli, on dirait que le bébé va être projeté comme un boulet de canon !) est le moment le plus éprouvant pour lui, cette dernière étape est une sorte de parcours du combattant.

Dans cette phase, le périnée s'étire au maximum (d'où l'intérêt d'avoir cherché à l'assouplir depuis plusieurs semaines) : c'est là que les risques de déchirure peuvent survenir et que la question de l'épisiotomie se pose.

Quand le bébé présente le haut de son crâne, la mère arrête de pousser. La sage-femme va sortir elle-même la tête du bébé afin de minimiser les risques de lésions. Elle fait ensuite glisser une épaule, puis l'autre, et l'enfant peut sortir, souvent saisi par les mains de sa mère qui le pose directement sur son ventre.

La « délivrance »

Le bébé est né ! Vous avez effectué un marathon épuisant. Tout ne s'arrête pas instantanément – mais vous êtes tellement shootée aux endorphines… que le reste ne compte pas !

Peu de temps après la naissance, de petites contractions arrivent : elles vont permettre d'expulser le placenta (c'est cela, la délivrance) et de commencer la remise en place de l'utérus, qui va retrouver sa taille normale en quelques minutes comme un ballon de baudruche qui se dégonfle… pschhhhhht. Si le phénomène est trop long à arriver, on peut vous injecter de l'ocytocine afin de stimuler les contractions pour permettre cette évacuation. La sage-femme aide cette expulsion en tirant sur le cordon et en appuyant sur le ventre pour extraire le placenta, qui est ensuite examiné afin de vérifier qu'il est complet. S'il en reste des débris, on les retire pour éviter tout risque d'hémorragie.

Et puis voilà, il est là ! Vous êtes sûrement épuisée, mais sur un nuage.

Ces premières heures passées ensemble vont se faire sous la surveillance de l'équipe médicale pour contrôler votre tension, votre pouls, vérifier que l'utérus se rétracte et que les saignements sont normaux.

Tu le savais ?

Les récits d'accouchement

Pourquoi on aime tant raconter son accouchement ? Vous l'avez sûrement remarqué : pas une mère ne garde ça pour elle. On aime TOUTES raconter nos accouchements ! Il faut dire que cela doit faire partie des événements les plus marquants de la vie d'une femme… Personne ne peut classer ça dans la case « souvenir insignifiant » ! Peu importe comment il s'est déroulé (s'il y a des détails gore, c'est encore plus impressionnant), l'accouchement est un moment inoubliable, gravé à jamais dans l'histoire personnelle de chaque mère (et de chaque père, même ceux qui se sont évanouis).

Toutes les femmes aiment raconter leur accouchement : même s'il s'agit là d'un épisode intime (on parle quand même de la dilatation de son vagin), on peut raconter tous les détails sans aucune gêne. Parce que, pour chacune, l'événement paraît totalement UNIQUE, merveilleux, magique, extraordinaire. C'est un acte héroïque. Un truc de Wonder Woman. Les autres ont donc besoin d'entendre ce récit épique. Ils le doivent.

Ce récit, on aime surtout l'entendre nous-même. On peut alors se rappeler à quel point on a été magistrale (même si on a crié très fort, qu'on a pleuré et qu'on était terrorisée à l'idée de faire caca sur la table d'accouchement). On peut extérioriser des sentiments difficiles, revivre les meilleurs passages (oublier celui du caca). C'est aussi une manière de se réapproprier le moment, surtout si on a eu l'impression de ne pas le vivre à 100 % à cause de la péridurale ou de la césarienne par exemple. Si l'on n'a pas vécu l'accouchement que l'on imaginait, en parler, exprimer ses déceptions, permet d'évacuer les regrets pour tourner la page et se concentrer sur l'essentiel : l'enfant est là !

Une nouvelle vie

Bébé est là… vous n'êtes officiellement plus enceinte ! Pourtant, il va falloir un certain temps avant que les choses se remettent en place, que le mécanisme se réadapte. Si les petits maux de la grossesse pouvaient être compensés par l'idée positive « C'est parce que mon corps s'adapte pour fabriquer mon bébé », étonnamment, là, on a plus de mal à voir le côté sympa des choses. Apprendre à s'aimer pendant la grossesse était assez facile : on portait la vie, on était sacrée ! Là, il faut trouver en soi des trésors de bienveillance pour accepter le corps vidé, le sang et la chute de cheveux qui suivent la naissance. C'est maintenant que vous devez vous regarder avec amour, comme vous regardez votre enfant avec amour. C'est maintenant qu'il faut être patiente, tolérante et consolante avec vous-même. Mais ça, vous allez savoir le faire. Vous allez être une mère pour vous aussi.

C'est quand on rentre chez soi que l'on prend souvent conscience de la réalité. À la maternité, on était dans un monde à part, très entourée, avec une sonnette pour appeler quelqu'un à tout moment. À la maison, on retrouve ses repères. Mais ils sont tous modifiés. La salle de bains devient un spa pour bébé, la chambre un cocon pour amour familial, le lave-linge une entreprise de nettoyage industriel. C'est là que vous allez être confrontée à l'expérience de votre nouveau statut, celui de mère, avec toutes les responsabilités, les émotions et la nouvelle organisation que cela sous-entend. Vous allez vivre plein de « premières fois », plein de débuts. Vous allez descendre de votre piédestal de « femme enceinte sacrée » pour laisser la place d'honneur au nouveau-né, maintenant objet de toutes les attentions.

Niveau débloqué :
corps de guerrière
un bébé en bonne santé
un sourire
en guise
de cicatrice
les rayures
d'une tigresse

Votre corps après l'accouchement

Les suites de couches

Vous n'aviez pas saigné pendant neuf mois... votre corps va se rattraper. Les suites de couches, c'est un peu comme si on ouvrait la vanne après avoir fait barrage pendant des mois : beaucoup de choses vont couler, sortir, descendre, chuter... Voyez cela comme une phase de nettoyage, un renouveau. C'est ce qu'on appelle les « lochies ». Elles vont apparaître tout de suite après la naissance. La plaie laissée par le placenta va cicatriser en quelques jours (une dizaine, voire deux à trois semaines) ; ces saignements proviennent de là et de l'élimination de la muqueuse utérine. Très abondantes juste après l'accouchement (souvent sous forme de caillots), ces pertes de sang vont diminuer progressivement.

À savoir : les tampons ne sont pas autorisés... et pour maintenir les protections hygiéniques bien épaisses, rien ne vaut la culotte en filet ultra glamour !

Les douleurs

Diverses douleurs vont vous montrer que l'activité est intense pour remettre la maison en état : l'épisiotomie peut tirer, la cicatrice de césarienne vous déranger, les seins être tendus par la montée de lait... Pas la peine d'avoir mal (vous avez déjà donné) : parlez-en aux professionnels de santé.

Après l'accouchement, votre utérus reprend sa place (tous les autres organes aussi) et de nouvelles contractions permettent son involution. Elles portent le doux nom de « tranchées » et sont soulagées par des antispasmodiques ou des antalgiques. Si vous allaitez, la production d'ocytocine pendant la tétée va stimuler les contractions : il tète et votre utérus se contracte. Si ce n'est pas être connectés, ça !

Il se peut que la constipation (et les hémorroïdes) que vous avez connue pendant la grossesse continue... Non seulement parce qu'il faut que le transit et les organes se remettent en place, mais aussi parce que vous avez peut-être peur d'aller aux toilettes et que cela vous bloque. Si vous avez eu une épisiotomie ou une césarienne, l'idée d'exercer une pression sur les cicatrices ne vous tente pas plus que ça.

Si les petits conseils alimentaires (boire beaucoup d'eau, manger plus de fibres, marcher) ne sont pas efficaces, on pourra vous prescrire un traitement. Pensez à utiliser un marchepied en allant aux toilettes, cela permet l'avancée des selles dans le rectum.

Arrivent également parfois des troubles urinaires. On peut avoir du mal à uriner pendant quelques jours après une anesthésie par péridurale… Vous serez surveillée puisqu'il convient d'uriner dans les six heures qui suivent l'accouchement pour éviter les risques d'infection. Quelques jours plus tard, ce sont au contraire les risques de fuites urinaires qui font leur apparition. En toussant, en éternuant… le périnée qui a été bien malmené doit retrouver sa tonicité pour reprendre son rôle de retenue. Une rééducation est parfois nécessaire pour que tout rentre dans l'ordre.

Un corps qui cicatrise

Vous allez regarder votre ventre… et vous ne l'aimerez pas vraiment. Il est même possible que vous l'ayez en horreur (alors que vous l'avez chéri pendant des semaines). On ne va pas se mentir… il sera mou, distendu, sûrement « vergeturé ». C'est en cette période que vous allez apprendre la patience, même si ça n'est pas dans votre caractère… parce que vous ne pourrez pas aller plus vite que la musique.

Faire un régime tout de suite est une très mauvaise idée : cela augmenterait la fatigue, et vous n'avez pas besoin de ça. En cas d'allaitement, cela risque en plus de nuire à la qualité de votre lait. Vous ne pourrez pas faire d'exercice avant un moment (les abdos, on oublie avant la rééducation du périnée pour éviter des troubles urinaires et une descente d'organes). À force de gymnastique douce – quand cela sera autorisé –, de massages et de temps, votre ventre changera d'aspect. Il ne redeviendra peut-être jamais comme avant (on ne peut pas utiliser Photoshop dans la vraie vie) mais vous pourrez de nouveau l'aimer.

La chute de cheveux

Dans quelques semaines, vous allez constater avec tristesse que vos cheveux ne seront plus à la fête comme ils l'ont été pendant la grossesse : si les hormones ont stoppé leur chute, maintenant qu'elles se régularisent, vos cheveux rescapés vont tomber de façon un peu brutale (au lieu d'une chute normale régulière). Pas de panique. Même si c'est stressant de voir sa brosse pleine... Une alimentation équilibrée et une supplémentation en vitamines pourront vous venir en aide.

Oui mais...

Pensez à la contraception

Même si ce n'est pas la première chose qui vous vient à l'esprit, là tout de suite, on va très rapidement vous parler de contraception. Vos règles vont revenir en quelques semaines, ce qui signifie que vous étiez fécondable quinze jours auparavant. On entend souvent parler de grossesses très rapprochées... Si ce n'est pas votre choix, il faut prendre les précautions nécessaires. Et sachez bien que l'allaitement n'est pas une contraception !

Mon périnée chéri

Six à huit semaines après l'accouchement, des séances de rééducation périnéale vous seront sans doute prescrites afin de retrouver le tonus nécessaire pour cette zone mise à rude épreuve. Les femmes ayant accouché par césarienne n'en sont pas dispensées ! Bonne nouvelle : ces séances sont remboursées à 100 %.

Pourquoi c'est important ? Un périnée un peu mou du genou risque d'occasionner des fuites urinaires, voire de l'incontinence, une descente d'organes, une diminution des sensations lors des rapports sexuels et autres réjouissances (notamment à la ménopause, où il se rappellera à votre bon souvenir).

Plusieurs méthodes peuvent être utilisées : manuelle, ou par électrostimulation, le « biofeedback » (avec une sonde vaginale qui permet de mieux prendre conscience du travail musculaire). À la maison, de nombreux exercices peuvent être réalisés.

Pour aller plus loin au sujet de cette partie de notre corps souvent ignorée alors qu'elle est essentielle, lisez le formidable *In périnée we trust* de Sabrina Fajau aux Éditions First. Une bible !

Bienvenue chez les mères

Face à votre enfant, en vous, c'est un tsunami d'émotions, un raz de marée de sentiments. Vous avez couru un marathon sur neuf mois, sauté plein d'obstacles, terminé par un sprint final à l'arrache et là, hourra, vous avez gagné une sacrée médaille. En or. D'environ 3,2 kilos.

Pourtant, c'est là que les choses sérieuses commencent. Le concret, le rythme des tétées, les nuits de quelques heures, le rouleau compresseur de la fatigue… c'est maintenant que vous allez comprendre. L'émerveillement devant tant de mignonnerie, le craquage devant les premiers sourires, la plénitude du bébé repu et tant d'autres occasions de fondre d'amour seront votre récompense. Mais tout le reste… vous ne saviez pas, on n'en parle pas, c'est tabou. On se doit d'être heureuse. On a eu ce que l'on voulait.

Oui, certes, mais on a le droit de dire que ça n'est pas aussi choupinou que ce cliché qu'on vous a vendu.

Tu le savais ?

C'est quoi le post-partum ?

Parfois il vaut mieux utiliser une expression latine qui laisse planer un peu de mystère… plutôt que de dire « la période pas très glamour où vous avez le ventre flétri, les seins craquelés, le moral en berne, la maison en bazar, et où tout le monde vous donne des conseils ». Vous avez bien envie que les fées viennent se pencher sur le berceau… mais pas pour offrir des dons à votre bébé (il est déjà parfait) : pour vous filer leur baguette magique et lancer des lessives.

L'« après-accouchement » (le post-partum immédiat) est la période qui suit immédiatement la naissance jusqu'au retour de couches (le retour des règles, environ six à huit semaines après l'accouchement, les choses étant variables selon les femmes, si l'allaitement est mis en place ou pas, etc.). C'est une période délicate (euphémisme) faite de bouleversements physiologiques, psychologiques, familiaux, entraînant des difficultés, voire des complications qui méritent de la bienveillance. En gros, c'est le moment où chacun s'extasie sur le nouveau-né (alors que vous étiez l'objet de l'attention jusque-là) et où vous passez au second plan.

Dans de nombreuses cultures, l'entourage redouble de sollicitude et de soins envers la mère durant cette période qui compte symboliquement 40 jours et que l'on nomme « le mois d'or » pour qu'elle puisse vivre cette transition difficile en toute sérénité. Pour en savoir plus, allez page 181.

Coup de foudre au premier regard

« Tu vas voir, dès que tu l'auras dans tes bras, tu vas être folle d'amour. », « À la seconde où il sera contre toi, tu vas avoir envie de déplacer des montagnes pour lui. », « C'est indescriptible, cet amour, c'est magique. »

Le conte de fées que l'on tisse autour de la maternité veut que la première rencontre soit une sorte de coup de foudre qui déclenche un flot d'amour et le sentiment immédiat d'être une mère, une louve, une lionne qui protège, nourrit et aime son petit. Une fibre qui vibre. Un sentiment sacralisé. Un devoir. Alors que pour le père, on comprend mieux si ça n'est pas tout de suite évident. Dans la grande majorité des cas, l'amour maternel est en effet ressenti dès les premiers instants – même si, après autant d'efforts, on ressent aussi très fort l'envie de dormir et de manger quelque chose.

Ce déclic, ce lien inné qui se tisse immédiatement, cette attraction sont tellement puissants qu'on les assimile à la part animale qui est en nous, au fameux « instinct » maternel, un truc que l'on n'apprend pas et qui nous dépasse. On peut se sentir immédiatement investie dans son nouveau rôle, dans un état de pleine conscience sur l'engagement que cela représente de devoir nourrir, protéger, aider, rassurer, secourir ce petit bout de nous si fragile. On est bouleversée, le cœur explosant d'une émotion inouïe, tellement fière de soi, de nous, tellement émerveillée #amouraupremierregard. On pleure, de fatigue et de joie.

Tu le savais ?

L'usine à ocytocine

On l'appelle aussi « hormone de l'amour » : dans un couple, l'ocytocine favorise l'attachement, participe au plaisir, renforce l'affection. Elle pointe son nez à chaque relation affectueuse : massage, tendresse quotidienne, stimulation sexuelle, orgasme… Pendant la grossesse, son augmentation permet à la mère d'être (un peu) moins stressée et de mieux dormir. Elle déclenche ensuite les contractions utérines, puis participe à la montée de lait. À chaque tétée, elle développe la connexion avec l'enfant. C'est une drogue dure ! Avoir son bébé dans les bras, faire du peau-à-peau, sentir son odeur… c'est comme un shoot !

On peut aussi parfois regarder cet être comme un étranger. Ne pas le trouver beau, attendre la fameuse flèche d'amour qui est censée nous transpercer le cœur et ne rien éprouver. Ou si peu.

Et surtout… se laisser envahir par un sentiment beaucoup moins agréable, qui enfle, qui obsède : la culpabilité. Pourquoi est-ce que je ne ressens rien ? Pourquoi je n'ai pas envie de le prendre dans mes bras ? Pourquoi les autres sont-ils tous autour de lui à gazouiller alors que moi, j'ai juste envie de pleurer et d'être seule ?

Si le sujet était tabou il y a encore peu de temps, aujourd'hui on ose avouer que le lien a parfois des difficultés à se mettre en place. L'« attachement » est du même ordre que dans une rencontre amoureuse : s'il existe des coups de foudre, il existe aussi des histoires qui mettent du temps à s'installer, où les sentiments grandissent au fur et à mesure des rencontres. Et même des aventures qui partent mal et qui finissent bien. Et ça n'est pas pour cela que l'histoire sera moins belle, moins forte, moins durable. Ce n'est pas pour cela que vous serez une moins bonne mère.

Douter est normal

Est-ce que je vais l'aimer ? Est-ce que je vais pouvoir répondre à tous ses besoins ? Est-ce que, est-ce que... On a peur d'échouer, de ne pas être à la hauteur (parce que c'est un sacré challenge, quand même). On s'impose un niveau d'exigence démesuré, on se soumet aux injonctions de la société.

Faites-vous confiance, ne cherchez pas à vous comparer, à vous conformer aux mères au regard et au sourire bienveillants penchées sur leur nouveau-né dont vous abreuvent les réseaux sociaux. Vous allez construire votre histoire à vous, votre amour à vous : il sera tellement unique et tellement précieux.

Vous venez de vivre un tsunami d'émotions, un marathon physique. Il vient de vous arriver un truc dingue : votre vie a basculé dans une autre dimension. Vous ne pouvez pas traverser cette révolution en mode « finger in the nose », et même s'il ne faut pas noircir totalement le tableau (pour une grande majorité de mères, les choses se passent vraiment bien), on peut affirmer que cela ne sera pas aussi facile que prévu.

Après le cocktail, le tsunami

Idée reçue

« L'instinct maternel »

À la différence des animaux, nous ne sommes pas gouvernés par une force inscrite dans nos gènes, une biochimie interne qui nous pousse à agir, sans réflexion, sans forme de choix. Nous pouvons décider de nos gestes, nous sommes le fruit d'une histoire, de multiples facteurs psychiques, culturels, sociétaux, qui influencent notre comportement.

Si un véritable instinct existait, il n'y aurait pas d'infanticide, d'abandon, et toutes les femmes ressentiraient le besoin irrépressible d'avoir un enfant.

Ce qui existe en réalité, c'est un sentiment d'amour dont l'existence se forge grâce à son vécu, à la façon dont on a soi-même été aimée, à ce que l'on a appris des femmes de son entourage et de leur façon de s'occuper de leur bébé.

Ce sentiment se renforce, se tisse, se noue, se construit au fur et à mesure. Même pour les mères qui ont éprouvé un coup de foudre immédiat. Un coup de foudre, ça passe, une fois l'aveuglement dissipé. L'amour qui se construit jour après jour remplit alors cette place et là, oui, on peut parler d'attachement maternel à son enfant.

Donc on ne culpabilise pas si « on ne l'a pas », et pour les papas : on ne s'en sert pas comme excuse.

Le baby blues (ou syndrome dépressif transitoire)

Vous allez sans doute le découvrir puisqu'il touche 60 à 80 % des jeunes accouchées. Après la naissance (en général trois jours plus tard), votre corps, votre esprit sont comme un soufflé qui retombe. Vous vivez une chute vertigineuse des hormones (vous avez l'impression de sombrer avec elles), vous commencez à accumuler la fatigue des premières nuits en pointillé, vous vous remettez à peine de l'effort considérable de l'accouchement, vous vivez une tempête émotionnelle, le contrecoup de tous les mois d'angoisse qui viennent de s'écouler… un cocktail de choc !

Vous êtes irritable, vous avez envie de pleurer, vous êtes découragée, sans entrain… Vous ressemblez plus au perdant d'un combat de boxe qu'à une « happy mum ». C'est le K.-O. Qui demanderait à un sportif de haut niveau d'être en superforme le lendemain d'une performance ? Si le moment n'est pas agréable, il est commun, justifié, incontournable. Bien sûr, certaines le vivent avec plus ou moins d'intensité, mais vous ne pouvez pas vous sentir anormale en le traversant : c'est un peu un passage obligé.

En général, il faut compter une dizaine de jours pour sortir de ce passage à vide. Et on peut parier que l'amélioration de votre état sera proportionnelle à l'aide que vous allez recevoir de la part de votre entourage et des soignants qui s'occupent de vous. Votre partenaire, votre famille, vos amis… seront des béquilles sur lesquelles il faudra s'appuyer. C'est l'heure de gloire de la #missionpapa.

Vous avez droit à deux visites postnatales à domicile par la sage-femme. Saisissez cette opportunité ! Elles vous permettent d'organiser votre retour, de trouver des réponses à vos questions, de vérifier la mise en place de l'allaitement, de vous rassurer quant à la santé du bébé, etc. Vous pouvez également vous rendre dans un centre de PMI pour rencontrer des professionnels (puéricultrice, sage-femme, pédiatre) qui pourront vous soutenir.

N'essayez pas de vous transformer en Super Maman dès maintenant. Vous avez besoin de temps, vous avez besoin de vous remettre : acceptez ce moment un peu flou, ne vous flagellez pas, laissez glisser… Les choses vont se mettre en place. Vous allez trouver le rythme, vous allez retrouver de l'énergie, donc accordez-vous l'autorisation de ne pas être parfaite et d'apprendre.

La déprime plus profonde…

Il peut arriver que le baby blues ne passe pas, s'éternise, se creuse et s'installe. Passé une dizaine de jours de déprime, on peut s'enliser dans une crise plus grave et plus douloureuse : la dépression du post-partum.

Trop souvent méconnue, elle touche pourtant 15 à 20 % des jeunes accouchées. C'est un phénomène encore tabou, mais qui est en passe d'être enfin pris en charge à sa juste mesure. En effet, dès 2022, un rendez-vous de dépistage (remboursé par la Sécu) avec une sage-femme ou un médecin sera mis en place au bout de cinq semaines afin d'identifier au plus vite les symptômes relevant de la dépression. Il pourra être suivi d'un autre rendez-vous à la douzième semaine.

Le choc est rude entre ce que l'on attend de vous (être une mère épanouie, rayonner de bonheur, et retourner travailler fissa) et ce que vous ressentez (la fatigue immense, les doutes, la perte des repères, et on en passe). De ce choc naît une énorme culpabilité qui s'ajoute à tout le reste. Et ça, il convient de ne pas le montrer : très souvent, on nomme la dépression postnatale la « dépression souriante », parce qu'il faut se montrer forte, cacher à ses proches que l'on va mal : on n'a pas le droit d'être déprimée puisqu'on a « tout pour être heureuse » ! Et puis, vous étiez tellement accompagnée avant la naissance… Au retour à la maison, c'est le grand vide.

L'épisode dépressif peut survenir dans les six premiers mois après la naissance, mais il peut surgir plus tard, jusqu'à dix-huit mois. Le plus souvent, la mère est moins attentive à son enfant, n'est pas dans l'affection ni la tendresse. Cela peut aller très loin, certaines mères vivant un véritable rejet, ayant des idées suicidaires, allant jusqu'à craindre de faire du mal à leur enfant (ça, c'est ce qu'on appelle la « phobie d'impulsion »).

La dépression maternelle, si elle ne va pas jusqu'à ces conséquences terribles, peut avoir des répercussions sur le bébé : angoisses, difficulté de création du lien mère-enfant, problèmes de sommeil, etc. Les contrecoups sur le couple sont également nombreux, le partenaire ayant souvent du mal à comprendre les raisons d'un tel mal-être et se sentant souvent impuissant face à lui.

Les mots de Sacha vous rassureront peut-être : vous n'êtes pas seule.

J'étais à vif. Quand on est épuisée, tout devient insupportable, les pleurs qu'on n'explique pas et qui vrillent les oreilles, être débordée au point de ne pas avoir le temps de prendre une douche, s'endormir ne serait-ce que cinq minutes mais être quand même sur le qui-vive, en alerte permanente, et le soir, voir arriver le père crevé par sa journée de travail et l'envier parce que vous, vous n'avez fait que vous occuper d'un humain dépendant et avec qui on ne peut pas discuter.

Il faut le savoir, on s'en sort, même si c'est long et douloureux. Vous pouvez être prise en charge dans le cadre d'une psychothérapie, il existe des unités mère-enfant qui permettent de recevoir de l'aide afin de rétablir la connexion avec le bébé, ou encore des infirmières peuvent vous accompagner à domicile. Un traitement antidépresseur est parfois mis en place pour passer ce cap difficile. L'essentiel est de parler. De ne pas taire cette souffrance. Pour votre bien et pour celui de votre bébé.

« Je vais m'occuper de toi »

Une des choses auxquelles on n'est pas vraiment préparée en attendant l'arrivée de bébé, c'est l'ampleur du travail que représente le fait de s'occuper d'un petit être qui est entièrement dépendant de vous. Les vêtements que l'on trouve tout mignons quand on les achète, c'est beaucoup moins agréable quand il faut les laver incessamment parce qu'ils sont tachés par une couche débordante ou un renvoi. Les couches ou les boîtes de lait que l'on voit dans des pubs avec des bébés roses et souriants, c'est beaucoup moins fun quand il faut aller en acheter toutes les semaines (et c'est un vrai budget).

Aux besoins vitaux auxquels il faut répondre (nourrir, changer, donner le bain, endormir, cajoler) et qui reviennent plusieurs fois dans la journée et dans la nuit, s'ajoutent les tâches ménagères spécifiques (nettoyer les biberons ou le tire-lait, laver quantité de linge), les courses (il manque toujours quelque chose !), les visites chez le pédiatre, la recherche du mode de garde... C'est du non-stop. Un job à plein temps. Et dire que l'on parle de « congé parental » ! La bonne blague !

Évidemment, au bout de quelques jours/semaines, on trouve son rythme, on passe parfois même en mode « automatique », mais on accumule de la fatigue et ces tâches peuvent sembler bien lourdes, surtout quand on doit soi-même se remettre de l'accouchement et d'un coup de blues plus ou moins important.

Traditionnellement, le maximum des tâches revenait à la mère. C'est elle qui « sait » ! Ces idées sont encore très ancrées dans les esprits, mais heureusement les choses changent ! C'est vraiment là que le soutien de son partenaire est indispensable : on forme alors une vraie team parentale ! Aujourd'hui, les pères sont beaucoup plus impliqués dans la vie de famille, et même s'il reste une assez grande inégalité dans la répartition de la charge mentale, on peut dire que l'avancée est importante. Malheureusement, bien souvent, on constate que les pères « impliqués » le sont davantage quand il s'agit de tâches « fun » (jouer, faire des activités), alors que les mères s'occupent de ce qui est le plus pénible (inscription auxdites activités, préparation du sac…). Il y a encore beaucoup de boulot ! Pourtant, chacun doit « faire sa part » dans la mesure de ses compétences, certes, mais ça ne dépend pas du sexe !

Instaurer le dialogue

La meilleure chose à faire est d'instaurer un dialogue clair sur le planning des choses à faire. Le pire, c'est d'attendre que l'autre comprenne que l'on a besoin de lui (un sixième sens qui lui dirait « Tiens, là, il faudrait que je vide le lave-vaisselle ») : plutôt que d'espérer que ça ait lieu miraculeusement, mieux vaut en parler et ne pas hésiter à exprimer clairement son besoin. Mettre les choses à plat. Pourquoi ne pas établir une liste des tâches ? Voir les choses écrites noir sur blanc permet à chacun de bien prendre conscience du volume des corvées. On peut alors établir un système « à tour de rôle », ou bien choisir selon ses préférences.

Vous donnez le sein et il ne peut donc pas nourrir votre bébé à votre place ? Il peut aller faire les courses et préparer le dîner pour vous nourrir, vous. Il aime bien passer l'aspirateur ? Vous vous occupez de faire la poussière… Il n'aime pas changer les couches (ou seulement celles sans caca) ? Il va falloir s'y habituer, mais il peut commencer par sortir les poubelles qui pouikent.

Il est important que chacun y mette du sien et que la charge ne soit pas uniquement sur les épaules de la mère. Le poids des corvées, c'est moins lourd quand on le porte à deux ! Aussi : vos priorités ont changé et ce n'est pas grave si tout n'est pas nickel, ou si le repassage n'est pas fait. Repérez les points sur lesquels vous ne pouvez pas transiger pour vous sentir bien (par exemple, pas de vaisselle qui traîne dans l'évier, ou un plan de travail bien rangé, ou encore pas de linge sale dans la salle de bains – mais ça, ça dépend de vous), et respectez ces besoins-là. Tant pis pour le reste !

C'EST BOF

C'EST MIEUX !

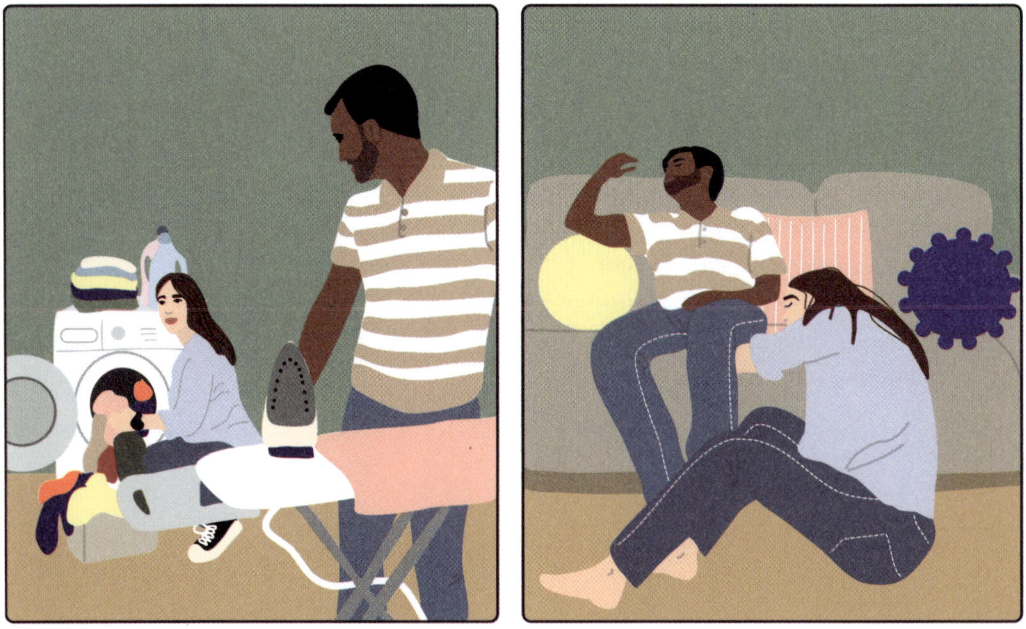

Accueillir l'enfant

Vous êtes partis à deux. En rentrant de la maternité, vous revenez à trois. (Ou toute seule et revenus à deux. Enfin, vous voyez le principe.) Vous allez passer beaucoup de temps à dévorer des yeux, caresser, envelopper, masser, apprivoiser ce mini-vous avec qui vous avez un lien unique. Et ça, vous le ferez en remplissant le sèche-linge d'une main, en mesurant des doses de lait et en surveillant la température du bain de l'autre, tout en essayant de caser une petite sieste ou, grand luxe, une douche. Vous allez enfiler votre nouveau costume de superhéroïne : à partir de maintenant, vous serez Wonder Maman.

La sérénité, ça s'organise

Vous avez bien compris que le retour à la maison va vous faire tomber dans une faille spatio-temporelle : votre ancien rythme de vie (dormir la nuit, prendre vos repas à des heures à peu près fixes, avoir des rendez-vous...) doit maintenant se caler sur le tempo d'un bébé qui n'a aucun repère mais qui a des besoins impérieux. Pour ne pas avoir l'impression d'être en décalage permanent, pour ne pas courir après le temps, mieux vaut changer les règles du jeu. Durant quelques semaines, acceptez de suivre son rythme : vous pouvez le faire, lui non. Acceptez de vous adapter, le temps que vos cadences se mettent à battre au même rythme : vous dormirez quand il dormira, mangerez quand il ne mangera pas, etc.

Oubliez vos habitudes, elles reviendront petit à petit. Ne vous donnez pas d'objectifs, de missions, ne cherchez pas à vous conformer à un modèle, à suivre des principes. Acceptez que les choses ne se passent pas comme prévu, que vous ne soyez pas le maître des horloges. Il y aura des jours où tout s'enchaînera bien et d'autres où tout sera décalé. C'est comme ça. C'est la mise en route. Pas de pression, pas de course contre la montre... Durant quelques semaines, la seule chose qui compte, c'est d'être bien : vous, votre bébé, votre partenaire.

Un emploi du temps simplifié

Lors de ces journées un peu « hors du temps » que vous allez vivre au retour à la maison, personne ne va vous demander de comptes, ni juger votre emploi du temps. Vous n'avez qu'à vous concentrer sur trois essentiels : manger, dormir, se laver. Vous pouvez rajouter une ou deux entrées dans la to-do list comme recevoir la visite d'un proche, faire une promenade, une démarche administrative, etc. si vous en avez et l'envie, et le courage.

Pour que cela soit possible, rien de tel que l'anticipation. Quand on projette de rester « confiné » à la maison, il vaut mieux avoir prévu du stock pour éviter le « il manque toujours quelque chose » qui vous obligerait à sortir.

Bien entendu, votre partenaire pourrait s'occuper du ravitaillement, mais s'il peut plutôt utiliser son temps pour rester avec vous, c'est encore mieux. Avant l'accouchement, essayez de penser à tout ce dont vous aurez besoin pour tenir un siège. Vous limiterez les sorties imprévues qui sont difficiles à organiser avec un nourrisson.

Astuce

Faites-vous livrer !

Aujourd'hui, il faut profiter au maximum de tous les services qui permettent de se ravitailler sans avoir à sortir de chez soi. Tout peut se faire livrer ! L'offre est pléthorique et les délais de plus en plus courts : c'est le moment ou jamais de profiter de ce confort.

À défaut d'un système de livraison dans votre zone d'habitation, passez une commande et envoyez un proche la récupérer au drive.

Les bonnes courses

Vous pouvez remplir vos placards avec du « sec » (les aliments frais, au fur et à mesure, ça sera #missionpapa). Pâtes, riz, légumes secs, boîtes de conserve, fruits secs, purées d'oléagineux... Faites des réserves, il y aura toujours de quoi préparer un repas. Votre congélateur va devenir indispensable en cette période : faites le plein chez votre fournisseur de surgelés préféré. Vous pourrez aussi cuisiner à l'avance et congeler des plats en prévision des soirs où vous n'aurez vraiment pas le courage de faire quoi que ce soit.

N'oubliez pas le rayon « ménage » : pas question d'être en panne de lessive !

Pour le bébé, vous avez sûrement fait tous les achats nécessaires : vêtements, couches, produits de toilette... Si vous donnez le biberon, il y aura des sorties à prévoir à la pharmacie : il est souvent difficile de trouver du premier coup le biberon et le lait adéquats.

Pour vous, prévoyez d'avoir des aliments, des douceurs, des petites choses qui vous font plaisir : votre thé préféré, une crème pour les mains, un bon bouquin – quelque chose de facile à lire, vous aurez peut-être du mal à vous concentrer sur plus de deux pages, alors les thrillers haletants ça sera pour plus tard !

Astuce

Prévoir ses repas bien à l'avance

Pour anticiper notre retour à la maison, nous avions préparé plusieurs repas d'avance que nous avions congelés (assez pour tenir 2 semaines !). Il suffisait de décongeler le plat au moment venu, c'était vraiment pratique. On continuait de manger de bons plats maison et complets, important pendant cette période de post-partum et avec l'allaitement.

(Camille, @lesbonheursdecamille)

Organisez-vous des « coins »

Pour l'instant, votre bébé ne va pas crapahuter partout (ça ne va pas tarder), donc vous allez passer du temps dans deux ou trois zones stratégiques de la maison. L'idée est de les organiser afin que ces coins soient fonctionnels, bien organisés, agréables. Qu'ils deviennent des nids où vous vous sentez bien. Veillez à ce qu'il y fasse bien chaud, sans courant d'air, pour multiplier les occasions de vous lover avec bébé en peau contre peau.

Pour le bain

Pas besoin de beaucoup d'accessoires ou de gadgets (tout ce qu'il faut pour le bain à proprement parler, de quoi poser le bébé, le sécher, le changer, l'habiller, mais sans plus). Les critères importants sont le confort et la sécurité. Souvent, un seul parent s'occupe du bain, et il faut qu'il puisse se débrouiller sans l'aide d'un tiers. Faites en sorte de tout avoir à portée de main ! Vous tenez le bébé d'une main et n'avez plus que l'autre pour tout faire : pas question de le lâcher pour aller chercher un body ou quoi que ce soit d'autre !

Pour la nuit

Quelle que soit la solution choisie – le cododo (lit partagé), le lit séparé à proximité dans votre chambre, un lit dans sa chambre à lui –, vous savez bien que les nuits ne seront pas linéaires pendant un bon moment. Vous allez être réveillée plusieurs fois par nuit. Là encore, l'idée est d'avoir tout à portée de main pour ne pas avoir à allumer la lumière ou sortir trop longtemps de la chaleur du lit, ce qui ralentit ensuite le retour du sommeil. Prévoyez une ambiance tamisée : une trop grande clarté serait trop stimulante pour votre enfant, qui doit apprendre à distinguer le jour de la nuit en quelques semaines.

Pour vous reposer

Pour accomplir toutes les choses qui vous attendent, autant être installée confortablement et relaxée. Pour nourrir bébé notamment, créez-vous un nid dans un endroit de l'appartement que vous aimez (un fauteuil, un coin du canapé… pas forcément le lit, mais c'est possible aussi). Ayez autour de vous tout ce dont vous avez besoin pour être bien : une bougie dont vous aimez l'odeur, un thermos de tisane chaude, un plaid douillet, des magazines, une tablette (et son chargeur !), des choses à grignoter. Dans un cocon, vous vous sentirez protégée et détendue.

Trouver le maternage qui vous convient

La parentalité, c'est tout un édifice à construire. Et seulement vous et votre partenaire êtes aux commandes : beaucoup de gens veulent vous imposer leur façon de faire, mais la seule chose qui compte, c'est de suivre votre voie, celle qui vous convient le mieux, celle que vous avez choisie.

Vous allez sûrement entendre de nombreux sons de cloche : « Il faut le laisser pleurer », « Pourquoi tu le laisses pleurer ? », « Tu vas le garder au bras toute la journée ? », « Il ne faut pas parler fort, ça va le réveiller », « C'est quoi cette écharpe, tu vas le porter sur ton dos ? »... La liste est infinie. Tout le monde aura son avis à donner (comme pour le choix du prénom, le pronostic sur le sexe ou le bien-fondé de l'allaitement). Vous vous sentirez peut-être fragilisés par ces injonctions contradictoires et, parfois, vous vous demanderez si vous faites bien les choses, si c'est bon pour votre enfant... Le mot d'ordre restera toujours : faites du mieux que vous pouvez, faites comme vous en avez intuitivement l'envie, faites de votre mieux.

Le maternage proximal

Aujourd'hui, on accorde de plus en plus d'importance à la « parentalité positive » ou au « maternage proximal », qui sont des pratiques qui visent à créer un sentiment de sécurité chez l'enfant qui l'aidera à se développer en confiance. Autant il y a quelques années, on mettait en avant l'idée de séparer l'enfant de la mère pour qu'il devienne rapidement une personne indépendante d'elle, autant aujourd'hui on prône ce rapprochement, cet « attachement » comme une façon de préparer son autonomie future. L'idée est assez simple : on ne peut se séparer de sa mère et vivre sa vie que si l'on est en confiance, or la proximité fait naître la confiance.

Évidemment, tous les excès sont possibles. Le défaut étant de sacraliser cette vision de la mère fusionnelle parfaite et idéale en faisant naître une pression et une culpabilité chez celles qui ne choisissent pas cette voie. Les réseaux sociaux (encore eux !) ont tendance à créer ces archétypes dont on peut s'inspirer, certes, mais qu'il ne faut peut-être pas ériger en modèles.

La théorie

Le maternage proximal consiste à être à l'écoute des besoins du bébé (manger, dormir, se sentir en sécurité), en se rendant très disponible pour y répondre. Il s'agit de respecter son rythme et sa physiologie par une proximité quasi permanente grâce à l'allaitement, au cododo, au peau-à-peau, au portage... La transition entre le monde *in utero* et l'extérieur se fait ainsi en douceur, l'enfant acquiert un sentiment de sécurité qui lui permettra de gagner en autonomie et se détacher de sa mère pour aller explorer le monde.

Cette idée repose sur la théorie de l'attachement, élaborée dans les années 1960 par John Bowlby, un psychiatre et psychanalyste anglais. La pratique a ensuite émergé outre-Atlantique, portée par le pédiatre américain William Sears (créateur de la notion d'« attachment parenting ») et s'est notamment diffusée par les canaux de la Leche League, l'association pour l'allaitement. Cette pratique se développe en France depuis les années 2000 grâce à la promotion de l'allaitement maternel, l'essor des valeurs écologiques et la puissance d'Internet et des réseaux sociaux.

Vous allez rapidement trouver la distance qui vous convient, voir si vous vous sentez capable d'être entièrement disponible ou si vous avez besoin de souffler et de vous recentrer sur vous. Vous avez le droit d'avoir peur, d'être étouffée, oppressée par cette fusion. À chacune son ressenti, à chacune le droit de faire ce qu'elle estime bon pour elle, pour son bébé et pour son couple. Peut-être que votre attitude connaîtra des variations : des moments partagés très intenses puis des pauses où l'on peut se retrouver un peu… à moduler comme vous voudrez !

Les pratiques

Pour vous rassurer, faisons le tour des habitudes que vous pouvez mettre en place pour consolider ce lien d'attachement. C'est plus facile qu'on ne le pense !

Le cododo

Le sommeil partagé est une pratique très développée dans certains pays d'Afrique, en Chine, au Japon, en Suède… Elle se développe en France, même si cela reste assez controversé. Le cododo ou co-sleeping est le fait que l'enfant dorme dans la même chambre que ses parents, soit dans son propre lit, soit dans le lit des parents.

En pratique, certaines règles doivent être respectées (à la lettre !) pour éviter les risques d'étouffement ou de mort subite du nourrisson. L'enfant dormira sur un matelas ferme et plat (*exit* les matelas récupérés de génération en génération). Il ne doit pas pouvoir tomber du lit, ni rester coincé entre le matelas et le mur par exemple. Il ne doit pas y avoir de coussins ou de couvertures qui puissent lui recouvrir la tête. On oublie les doudous et on utilise une gigoteuse adaptée. La température de la pièce ne doit pas être trop élevée. Il existe des berceaux spécialement conçus pour le cododo, qui se fixent au sommier du lit parental et permettent d'éviter les risques d'étouffement.

Les avantages de cette pratique sont surtout flagrants pour les mère allaitantes (d'ailleurs, l'OMS liste l'allaitement dans les règles de sécurité à respecter) : la nuit, pas besoin de se lever pour mettre l'enfant au sein, il est déjà à côté de soi et peut se rendormir facilement ensuite. Si l'enfant est nourri au biberon, tout peut être à portée de main et la proximité pendant le sommeil réduit les angoisses du nourrisson (comme des parents).

Les limites

Les carnets de santé mentionnent cette indication : « Il est préférable, si cela est possible, de placer le lit de votre bébé dans votre chambre pour les six premiers mois au minimum. » Puis, vous serez seuls juges du moment où vous estimerez que votre petit peut commencer à s'endormir seul, dans sa chambre. Progressivement, il aura la capacité à trouver le sommeil, sera suffisamment rassuré pour s'endormir, sans que votre présence soit nécessaire.

À terme, l'enfant a besoin de pouvoir bouger dans son lit, de ne pas être réveillé par la présence de ses parents, de sentir sa propre limite corporelle (« Je ne suis pas le prolongement de maman »). Et pour les parents : c'est aussi bien de se retrouver à deux et de chérir son intimité de couple. Vous pouvez commencer doucement avec les siestes. Il peut y avoir des progrès puis des retours en arrière… ou tout peut se passer très bien tout de suite.

La phrase qui tue

« Laisse-le pleurer, ça lui fera les poumons. »

Vous entendrez encore sûrement cette phrase qui est, comme souvent, une ineptie. Les dernières avancées des neurosciences montrent au contraire que laisser un bébé pleurer augmente son rythme cardiaque, produit une surdose de cortisol (hormone du stress) et peut faire chuter le taux d'oxygène du sang. Il y a aussi des risques accrus de troubles anxieux à l'âge adulte.

C'est un sentiment de détresse que personne ne voudrait vivre (imaginez-vous en train d'appeler à l'aide parce que vous vous sentez très mal et que personne ne vienne vous voir…). Rien de fortifiant, donc.

Cette question est légitime... Mais aujourd'hui, on sait que répondre aux pleurs de son bébé en le consolant, en le portant, en lui montrant que l'on est attentif permet de réguler son système nerveux, de développer son sentiment de sécurité et, par là, sa confiance en lui. Ce n'est pas parce que vous le maternez qu'il deviendra capricieux ; au contraire, il pleurera moins parce que ses angoisses, ses besoins, ses désirs seront satisfaits. Le bébé ne pleure pas sans raison (faim, fatigue, angoisse, stress, besoin de contact...). Il s'agit là de son seul moyen de communication, c'est pour lui la seule façon de prévenir que quelque chose ne va pas.

Certains pleurs ont aussi vocation à décharger un trop-plein d'énergie (ceux de la fin de journée par exemple). Nul besoin de chercher à les calmer par tous les moyens... Mais on ne peut pas laisser un bébé livré à lui-même, ne sachant gérer son stress, sans aller vers lui, le caresser, lui parler doucement, le câliner et le rassurer.

Un enfant qu'on laisse pleurer comprend que personne ne peut lui venir en aide et répondre à ses besoins. Mauvais départ dans la vie.

Parfois, les pleurs sont difficiles à supporter, on ne les comprend pas, on se sent impuissante et incompétente. Ces moments de découragement sont normaux, il ne faut pas qu'ils vous fassent culpabiliser : passez le relais à l'autre parent, à un proche, ne serait-ce qu'un petit moment, pour souffler. Personne ne vous jugera si vous avez besoin de prendre un peu de recul. Quand les pleurs sont vraiment inconsolables, que vous « sentez » qu'ils ne sont pas normaux, que vous avez tout essayé, n'hésitez pas à en parler à votre médecin pour éloigner toute raison médicale.

Les limites

Il n'existe pas vraiment de moment où vous laisserez délibérément votre bébé pleurer. En revanche, au fur et à mesure, vous identifierez mieux les messages qu'il veut vous faire passer et n'accourrez pas s'il cherche son sommeil. Même plus grand, ses colères, ses pleurs seront l'expression de son incapacité à gérer ses émotions : vous continuerez à le rassurer, à être attentive à ce qu'il a à dire et à l'aider à se calmer.

Un bébé, ça pleure. C'est comme ça ! La tétine sert souvent de « bouchon » pour faire cesser les pleurs à tout prix. En anglais, cela s'appelle un pacifier. La paix ! Peut-être faudrait-il s'interroger sur les raisons des pleurs avant de l'utiliser systématiquement. C'est tentant, de la lui coller dans la bouche… Avouons-le, c'est un vrai soulagement pour les parents. Pourtant, le rendre dépendant de cet objet est problématique : souvent, il pleurera parce qu'il n'arrive pas à retrouver sa tétine dans le lit : plus tard, le sevrage sera difficile (« Enlève ta tétine de ta bouche, je ne comprends pas ce que tu dis ! »).

Le peau-à-peau

Sans doute l'avez-vous expérimenté dès la naissance puisqu'il est maintenant habituel que l'on pose le bébé à peine né contre la maman et qu'on les laisse savourer cet instant. Le papa peut également en profiter au moment des premiers soins. Sentir les battements du cœur, reconnaître l'odeur de sa mère a un effet apaisant pour le bébé et permet de créer du lien entre lui et ses parents. La pratique peut se poursuivre dès que vous le souhaitez une fois rentrés à la maison : ce sont des moments précieux (on se fait un shoot d'ocytocine !) qui peuvent aider à calmer des coliques ou des angoisses.

Les limites

Quand l'enfant est tout juste né, qu'il ne bouge pas beaucoup, les moments de peau-à-peau sont facilités. Ensuite, il faut que chacun en ait envie. Sans doute aurez-vous moins « besoin » de ce contact rapproché au-delà de ses 3 mois.

Le portage

Bien-être, chaleur, sécurité, liberté de mouvements... le portage apporte de nombreux bienfaits ! Les adeptes de cette pratique montrent que les enfants portés pleurent beaucoup moins, car ils sont bercés par les mouvements, en contact avec la peau et les battements du cœur rassurants. Le parent porteur (un avantage important : le papa peut prendre part à cette façon de faire !) a les mains libres, ce qui permet d'assumer les tâches indispensables avec plus de facilité et d'avoir le sentiment que l'on peut faire plein de choses ! Pas de poussette à plier, de transat à trimballer... c'est une méthode tout-terrain. Évidemment, si vous utilisez une écharpe, il faut apprendre à la nouer en toute sécurité ! Vous pouvez participer à un atelier de portage avec une monitrice certifiée, qui vous livrera tous les secrets de la pratique !

Les limites

Certaines écharpes de portage peuvent être utilisées jusqu'à 3 ou 4 ans... mais peut-être que le poids de votre enfant vous incitera à arrêter cette pratique avant cet âge-là. Vous aurez peut-être mal au dos et ne pourrez sans doute plus le porter sur de longues périodes. Ne vous en voulez pas... Et puis, bientôt, il réclamera d'être sur les épaules de papa !

« Materner » signifie s'occuper de son enfant en étant proche de lui, en étant attentif à ses besoins. Le papa peut tout à fait materner son bébé et faire partie de ses figures d'attachement ! Sans doute le fera-t-il à sa manière, sûrement différemment de vous qui lisez ces lignes, mais pas forcément moins bien. Peut-être aurez-vous du mal à lui laisser cette place privilégiée de la figure d'attachement, mais vous serez aussi soulagée que votre partenaire prenne le relais, qu'il soit en mesure d'apaiser le bébé et que vous puissiez être rassurée vous aussi.

L'aventure lactée

L'allaitement est l'un des éléments centraux du maternage proximal. Mais il est un sujet si important qu'il méritait une place particulière. L'allaitement est un sujet « sensible », qui peut déchaîner des passions. Il y a quelques décennies, supplanté par l'allaitement artificiel sous prétexte de la liberté revendiquée par les mères (l'allaitement étant alors considéré comme une forme d'« esclavage »), il est aujourd'hui revenu en première ligne.

Il est un sujet de discorde, créant un sentiment de culpabilité chez celles qui nourrissent leur bébé au lait industriel. Malheureusement, cela crée une querelle sans fin, un débat éternel, un combat sans vainqueur. Chacune, quel que soit son choix, peut penser qu'elle a raison et que c'est elle qui fait le mieux pour son enfant. Il est si facile de juger ! Évidemment, allaiter ou pas est une question de choix. Même si parfois on ne l'a pas vraiment (avoir recours au lait artificiel peut être une solution imposée parce que l'allaitement ne se met pas en place, mais c'est assez rare).

Ainsi, et comme de nombreuses fois au cours de ces pages, disons que vous seule pouvez savoir ce qui est le mieux pour vous et votre enfant. Vous êtes libre de faire ce que vous voulez. Quelles que soient les injonctions que vous recevez. Allaiter ne fera pas de vous une meilleure mère. Ne pas allaiter ne fera pas de vous une mauvaise mère. Ce qui compte, c'est que l'enfant soit aimé, qu'il reçoive les soins et la nourriture nécessaires à son développement. Non ?

Vous reprendrez bien un peu d'hormone du bonheur ?

Les vertus de l'allaitement

L'OMS recommande l'allaitement maternel jusqu'à 6 mois en mode exclusif et jusqu'à deux ans ou plus ensuite. Le lait maternel est parfaitement adapté aux besoins du bébé, il évolue en fonction de l'âge et au cours d'une même tétée, il contient des anticorps protecteurs, des enzymes, des hormones qui contribuent à combattre les infections, à prévenir les maladies et à assurer un bon développement, notamment pour les prématurés.

L'allaitement maternel n'est pas qu'une affaire de nourriture, c'est également un moment de proximité, de protection, de chaleur qui permet de consolider le lien mère-enfant, de rassurer le petit, le calmer et l'aider à s'endormir. La production d'ocytocine qui se déclenche pendant les tétées est bénéfique pour la mère et pour l'enfant. Bien sûr, les biberons sont aussi donnés dans un moment de douceur et de protection, mais la connexion est moins évidente et la réaction physiologique moins forte.

S'il a de grands bienfaits pour la santé et le développement du bébé, l'allaitement maternel est aussi une pratique protectrice pour la mère : il aide l'utérus à retrouver sa place plus rapidement après l'accouchement, et sur le long terme, il diminue les risques de cancer du sein et de l'ovaire et les risques d'ostéoporose. Il aide également à la perte de poids quand il s'établit sur de longs mois.

Et enfin, sur le plan pratique, l'allaitement maternel est d'une grande facilité, toujours prêt, à disposition, gratuit... Il paraît donc être une solution idéale.

Des débuts qui peuvent être difficiles

Pourtant, il n'est pas toujours facile à mettre en place. Mère Nature ne fait pas immédiatement jaillir une fontaine de lait qui pourra satisfaire votre bébé goulu. Les débuts sont souvent difficiles : parfois, la « tétée de bienvenue » immédiatement après la naissance prend du retard, ce qui peut ralentir le processus. La montée de lait peut prendre quelques jours et vous avez l'impression que votre enfant n'aura jamais à manger ! Le bébé a peut-être du mal à téter (or c'est le fait de téter qui déclenche la lactation et tout le processus), il se fatigue. Et puis, vous sortez d'un accouchement plus ou moins difficile, vous être fatiguée aussi, pleine de doutes… Le personnel médical n'est pas toujours assez disponible pour vous aider et vous propose des compléments, ce qui peut compromettre l'allaitement maternel. Vous vous sentez fragile et manquez de courage pour continuer l'aventure. Mais si vous êtes profondément motivée, vous aurez la patience et la résistance nécessaires pour prolonger vos essais.

L'allaitement peut être douloureux

Souvent, il s'agit seulement d'une mauvaise position, mais il faut être lucide… il faut plusieurs jours pour que les mamelons s'insensibilisent et que vous n'ayez pas l'impression que vos tétons vont être dévorés. Il peut y avoir des crevasses, des engorgements… tout un tas de petits désagréments douloureux. Mais des solutions existent : meilleur positionnement, crèmes, soins cicatrisants…

Une grande disponibilité

La méthode « à la demande » vous réclamera de nourrir votre bébé à tout moment et partout. Pour certaines, cela peut être vécu comme une contrainte trop grande (avec la problématique de ne pas pouvoir passer le relais au papa pour se laisser le temps de souffler).

Des restrictions qui perdurent

La grossesse est terminée mais vous n'avez toujours pas le droit à l'alcool, et quelques aliments sont déconseillés. Certains peuvent donner des coliques au bébé comme les laitages ou certains légumes (asperge), d'autres peuvent donner un goût au lait (ail, chou, épices exotiques). Vous devez aussi limiter votre consommation de café, et garder une alimentation équilibrée et suffisante pour avoir l'énergie nécessaire à la lactation.

Des tonnes de questions

Allaiter, c'est aussi se poser beaucoup de questions : est-ce qu'il prend assez ? Mon lait est-il suffisamment riche ? Est-ce que je vais en avoir assez longtemps ?... Comme vous ne maîtrisez pas, que vous ne voyez pas... il flotte un certain mystère et cela peut être une source de stress. On est alors tentée de chercher des réponses sur Internet, sur les forums... et là, ça n'est pas franchement constructif ! Les histoires de crevasses des autres, ça ne rassure pas ! Mais échanger avec d'autres mamans est une bonne source d'informations et d'astuces. Il existe aussi des consultantes spécialisées qui sauront vous donner des conseils personnalisés et résoudre vos problèmes.

Mères allaitantes sous pression

Il existe une forme de pression sur les mères ayant choisi l'allaitement : étant seule responsable de son alimentation, donc de son développement, vous serez en première ligne si jamais la prise de poids est insuffisante. Certains médecins, ou des proches (« Hello Tata Michelle ! ») pourront vous faire comprendre que vous n'avez « pas assez de lait », que votre lait « n'est pas assez riche » ou encore que « c'est votre faute s'il réclame la nuit » (puisque vous n'avez pas assez de lait et qu'il n'est pas assez riche).

Dans les lieux publics, la mère qui allaite peut subir le regard de gens parfois choqués, vous accusant d'exhibitionnisme... Des seins nus sur une affiche, personne ne voit le problème, mais une mère qui allaite... ouh là là ! L'évolution des mentalités a encore un long chemin devant elle...

Il n'y a pas de règle pour cela. Le sevrage peut également être un cap difficile : après un allaitement long, le passage au biberon est parfois compliqué, la baisse de lactation qui arrive parfois peut décourager, le fait de tirer son lait être mal vécu. On n'est souvent pas assez informée, au début de l'allaitement, que la fin de l'histoire sera parfois aussi difficile. Tant que votre rythme est bien installé, vous pouvez continuer autant qu'il vous plaira, peu importe le jugement des gens. Eh oui, c'est malheureusement quelque chose qui peut peser sur votre décision, l'allaitement au-delà d'un an souffre encore de forts *a priori* dans notre culture…

Mais la durée de l'allaitement maternel n'est qu'une question d'histoire personnelle. Elle dépend de vos perceptions, de votre envie, de votre culture. Souvent, la reprise du travail sonne la fin de cette période avec une phase de transition où l'on garde une tétée le soir ou le matin pour un arrêt en douceur.

Toutes les mères qui ont vécu un allaitement maternel réussi en parlent avec des étoiles dans les yeux, évoquant une aventure merveilleuse d'amour avec leur bébé, une pratique simple, naturelle, puissante. C'est une grande chance de parvenir à surmonter les difficultés, à trouver l'aide adéquate, à subir les pressions, à ne pas douter. C'est une expérience personnelle unique.

Celles qui n'ont pas pu la vivre n'en sont pas moins des mères formidables qui aiment leur enfant, qui veulent le meilleur pour lui mais qui s'adaptent aux circonstances, aux contraintes et qui assument ce choix. Trouvez la meilleure solution pour vous, soyez à l'aise avec elle, sans culpabilité, sans angoisse, voilà ce qui est bon pour votre bébé.

L'allaitement artificiel

Nourrir son enfant au biberon peut être votre choix premier ou vous être imposé. Par exemple, si le nouveau-né a un réflexe de succion faible (ce qui peut être le cas chez les prématurés) ; si la mère doit prendre un traitement médicamenteux ou qu'elle doit retourner au travail. Même s'il est souvent décrit comme n'étant pas « la meilleure alimentation pour le bébé », nourrir son enfant au biberon a aussi des côtés positifs.

La mère a plus de liberté, le relais pouvant être pris par le coparent ou un proche. On connaît la quantité absorbée par l'enfant, ce qui a un côté rassurant, surtout quand il a besoin de prendre du poids. La maman n'est plus obligée de suivre de restrictions alimentaires. Le lait artificiel est plus long à digérer, ce qui permet d'espacer les tétées et de structurer plus facilement les prises sur la journée. Rassurez-vous, donner le biberon reste un moment d'échange, de proximité et de tendresse : profitez-en au maximum.

Bien s'entourer

De retour à la maison, vous allez avoir un grand besoin de calme, d'une bulle de protection et de douceur après la tornade de l'expérience de la naissance. Vous allez rapidement constater qu'il va falloir jongler entre l'envie d'être tranquille… et la solitude que vous risquez d'éprouver face aux tâches nouvelles qui vous incombent. S'occuper d'un nourrisson, c'est un job à plein temps.

L'équipe parentale

Vous ne serez pas trop de deux… et avec votre partenaire, vous formerez une véritable team parentale. C'est dans ce partage des tâches, cette entraide, cette capacité à déléguer à l'autre que vous allez tisser les liens de votre nouvelle famille. Vous venez de naître à votre nouvel état de mère et lui à son nouveau statut de père. Entre les lessives, les biberons, les packs d'eau à porter, vous pourrez savourer à deux cette nouvelle tranche de vie qui s'ouvre devant vous.

Vous êtes désormais une famille ! Mais vous restez malgré tout un couple. Même si pendant quelques semaines votre centre d'intérêt va se déplacer sur le bébé, vous pouvez préserver votre entité amoureuse. Essayez au maximum de conserver certaines habitudes, dînez ensemble, gardez une intimité et un contact physique par des câlins, des massages, des caresses… Faites attention aux ressentis de l'autre, partagez vos impressions, vos émotions, continuez à avoir des petites attentions pour votre partenaire…

Soyez patients. Vous traversez une période chamboulée, nouvelle, mais très forte. Si elle peut éloigner certains couples par manque de communication, elle peut tout aussi bien renforcer votre union et vous faire écrire une belle page de votre vie !

Témoignage

S'organiser à deux, c'est mieux !

Je suis restée 5 jours à la maternité. Pendant ce séjour, mon compagnon a préparé toutes les affaires de notre fils dans sa chambre : vêtements lavés et rangés, stock de couches, sérum physiologique, compresses... L'idée était de ne pas avoir à courir partout lors de notre retour à la maison. » (Camille, @lesbonheursdecamille)

Le reste de la famille

Autour de vous, une sorte de cercle rapproché peut se créer pour vous aider à passer cette transition dans les meilleures conditions. S'occuper d'un bébé, c'est chronophage. Le reste peut être pris en charge par votre entourage. Vos parents, beaux-parents, frères, sœurs et famille plus étendue, vos amis peuvent constituer cette armée de petites mains prêtes à vous aider.

Ils peuvent s'occuper de la maison, sortir le chien, passer prendre du pain, vous apporter un repas chaud, aller à la poste pour vous... et tant d'autres choses que vous aurez envie de déléguer. D'autres personnes peuvent s'ajouter à votre cercle de soutien : doula, femme de ménage, sage-femme... Osez demander de l'aide, acceptez de vous faire materner. Cela ne durera pas toute la vie, n'ayez pas l'impression d'être une assistée. Durant cette période, profitez des mains tendues avec bonheur.

Plutôt qu'une énième petite tenue, un mobile ou un chauffe-biberon, les proches peuvent offrir de leur temps et leur aide dans des gestes du quotidien qui seront autant de cadeaux et de preuves d'amour ! Cuisiner et remplir le frigo, faire tourner une lessive, étendre le linge, passer un coup de balai sont autant d'occasions données à la maman de s'occuper de son enfant, de se reposer ou de prendre une douche. Et ça, ce sont des moments précieux !

Astuce

Parents sereins, bébé heureux

De nombreuses cultures accordent une importance particulière à la période qui suit immédiatement la naissance (on parle de quarante jours, ou six semaines). En Chine, en Inde, en Amérique latine, en Afrique, la tradition est ancestrale... On accorde un soin tout particulier aux mamans : elles sont invitées à se reposer, à ne pas sortir de chez elles (ou même de leur lit), sont protégées, nourries, cajolées par leur entourage afin de se rétablir, de récupérer au mieux après la naissance, d'avoir la sérénité nécessaire pour tisser des liens avec leur bébé.

Aujourd'hui, dans une société individualiste comme la nôtre, bien souvent, la jeune maman se retrouve seule : son partenaire reprend rapidement le travail, la famille est éloignée, les amis n'ont le temps que de passer en coup de vent. Elle était très accompagnée pendant la grossesse, elle doit se débrouiller ensuite.

On commence cependant à comprendre l'importance de cette période charnière : l'attention se porte désormais davantage sur les besoins spécifiques des mères, les pères peuvent prendre des congés dans de meilleures conditions, et la tendance est au retour à ces pratiques fondamentales.

Vous ne pourrez peut-être pas être aidée par une team familiale et amicale lors de votre retour à la maison, mais privilégier le repos, la protection et la chaleur autour de votre nouveau cocon seront d'ores et déjà un bon début pour entamer votre nouvelle vie de maman.

Prendre soin de soi

Comment prendre soin de soi alors qu'on a à peine le temps de passer à la salle de bains ? que l'on continue de porter ses vêtements de grossesse parce qu'on ne rentre dans rien d'autre ? que l'on a des cernes de panda (et pas trop envie de se regarder dans le miroir) ? C'est là tout le paradoxe. Écouter ses propres besoins et les satisfaire feront de vous une mère plus épanouie, plus détendue, plus en forme… et donc plus à même de s'occuper de son bébé.

Se reposer sans culpabiliser

Tant pis s'il y a du linge qui sèche au milieu du salon quand vous recevez vos amis (le linge est propre, c'est le plus important). Tant pis si vous avez laissé tomber les couches lavables (le bébé a les fesses au sec, c'est ce qui compte). Tant pis si vous n'avez pas fait de brushing (vous avez pu vous faire un masque à la kératine, c'est déjà ça). Cesser de culpabiliser, c'est déjà une forme de « soin de soi » : en modifiant votre état d'esprit et en passant du « je dois » ou « il faut » au « je peux faire ça », vous agissez avec bienveillance envers vous-même.

Bien manger

Après un marathon, vous ne risquez pas d'avoir envie d'une petite salade et d'un verre d'eau. Non, il semble logique d'avoir besoin de nourriture reconstituante et réconfortante ! Bien s'alimenter, c'est la base pour redonner à son corps toute l'énergie nécessaire, et à son mental du plaisir et du bien-être. Même fatiguée, débordée… ne vous laissez pas tenter par la junk food, les repas pris sur le pouce et les plats industriels ultra-transformés. Ils peuvent dépanner mais ne vous fourniront pas ce dont vous avez besoin pour vous remettre en forme.

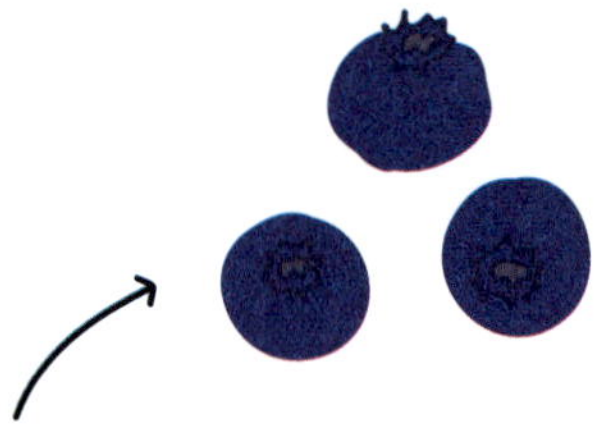

Pour faire le plein de vitamine C

Si vous allaitez, vous devrez d'autant plus être attentive à votre alimentation, afin qu'elle soit suffisante pour la lactation et riche en nutriments. Favorisez les aliments faciles à digérer : ce n'est pas le moment de fatiguer votre organisme, préférez les aliments cuits (les crudités sont plus difficiles à assimiler).

Pour entrer dans les détails, vous aurez besoin de :

▶ Protéines : il faut aider vos muscles à se reconstituer. Trouvez-les dans les œufs, la viande ou dans des sources végétales comme le tofu, le quinoa, les légumineuses, les oléagineux.

▶ Fer : vous avez perdu beaucoup de sang après l'accouchement, vous aurez sûrement besoin d'une supplémentation en fer ou d'en puiser dans votre alimentation. Il y en a beaucoup dans le persil (qui par ailleurs régule la lactation en évitant les engorgements), les algues, les noix.

▶ Oméga-3 : pour favoriser votre bien-être mental. Les poissons gras, les graines de chia, les amandes et le chanvre en contiennent beaucoup.

▶ Vitamines : elles sont présentes dans les aliments frais. Privilégiez les modes de cuisson douce pour les préserver.

Pensez aussi à boire beaucoup, notamment si vous allaitez. Il existe des tisanes favorisant la lactation, c'est toujours ça de pris ! Boisson chaude (bouillons, tisanes), petits encas faits de fruits secs, de baies, seront des pauses revitalisantes très agréables.

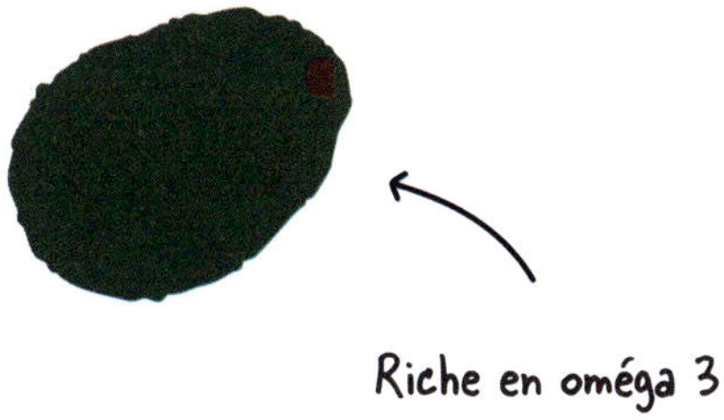

Soyez indulgente envers votre corps

Vous avez sans doute fait des efforts pour limiter votre prise de poids... Malgré tout, votre organisme va devoir cicatriser, se retonifier, se remettre en place. Il a fabriqué un bébé ! C'est la moindre des choses que de lui laisser le temps de reprendre son fonctionnement habituel. Comment faire pour reprendre contact avec vos nouvelles formes, les accepter, les voir d'un œil bienveillant... ?

Un massage !

Dans certaines cultures, il est traditionnel de masser la jeune maman pour régénérer son corps et détendre son esprit. Si vous le pouvez, offrez-vous une séance de massage (pourquoi pas à domicile ?). Le papa s'occupera du bébé afin que vous ayez l'esprit tranquille pour dénouer vos muscles, stimuler les points énergétiques, améliorer la circulation sanguine... ou faites une séance à deux !

Un soin rebozo

Le soin rebozo est une tradition mexicaine qui a fait son apparition en France depuis quelques années. Cette technique de relaxation profonde est pratiquée à l'aide d'un rebozo, une écharpe tissée, à la fois très résistante et très souple. Ce soin est généralement donné par deux femmes aux nouvelles mères, le plus souvent à la fin de la période des quarante jours après un accouchement. Il permet de resserrer le bassin (par des enserrements grâce à l'écharpe), de repositionner le corps en douceur, de faire le plein d'énergie et de se détendre. Il a une dimension symbolique, marquant le début de la nouvelle vie de la jeune mère, par la sororité[1] et la bienveillance qu'il met en œuvre.

Un rendez-vous chez l'ostéopathe

Pourquoi ne pas prendre un rendez-vous avec un ostéopathe pour rééquilibrer votre corps, environ trois semaines après l'accouchement ? Ce praticien peut travailler sur les douleurs du post-partum, la position du bassin notamment, pour vous « remettre d'aplomb » ! Il diminue les douleurs de la cicatrice de la césarienne en redonnant de la mobilité aux tissus profonds et en limitant les adhérences. Il peut également améliorer le fonctionnement du système digestif et aider le transit intestinal, souvent paresseux pendant la grossesse et le post-partum.

1. L'équivalent féminin de fraternité, l'entraide, la solidarité féminine.

Et pour la suite, l'ostéo corrigera les mauvaises postures que vous risquez de prendre dans les nouveaux gestes de votre quotidien avec bébé (le porter, lui donner à manger, le changer...) et qui peuvent occasionner des douleurs. En résumé, il est vraiment à même de vous faire du bien !

La reprise de l'activité physique doit attendre quelques semaines (selon vos pratiques avant la grossesse, mais pas avant quatre à six semaines) au risque de provoquer des troubles en cas d'activité inadaptée (comme la descente d'organes, notamment de la vessie avec des fuites urinaires). Vous n'allez pas faire un jogging tout de suite ! Une des premières actions à entreprendre est de s'occuper de son périnée en effectuant la rééducation qui sera prescrite : c'est essentiel avant d'envisager quoi que ce soit d'autre.

Vous pouvez pratiquer la marche peu après l'accouchement : lors de promenades en poussette, cela vous donnera aussi l'occasion de prendre l'air. Plus tard, vous pourrez faire des mouvements de renforcement musculaire lors des balades. Il existe même des cours de « cardio poussette » pour faire du sport en promenant bébé. Ensuite, tout doucement, vous commencerez par un renforcement ciblé sur la sangle abdominale (vous pouvez consulter un kiné pour qu'il vous indique les mouvements à faire). Le yoga et le Pilates sont des activités physiques douces, parfaites pour se remuscler et s'assouplir. Vous envisagerez de reprendre des activités plus « toniques », notamment des sports avec impacts (course à pied, sauts, sports collectifs...), une fois que les risques de fuite urinaire seront écartés, que le périnée sera tonifié et la sangle abdominale renforcée.

Pour prendre soin de vous, autorisez-vous aussi quelques rendez-vous chez l'esthéticienne, chez le coiffeur, des séances shopping pour renouer avec vos habitudes, retrouver vos envies et vous détendre. Gardez cela à l'esprit, comme un mantra : maman détendue, bébé heureux !

Je pars courir chéri !

Protégez votre bulle

Tout le monde l'attend, tout le monde veut le voir… Votre bébé à peine né est une vraie vedette.

Certes, vous trouvez normal qu'un être aussi merveilleux suscite autant d'intérêt. Mais vous n'avez certainement pas envie de voir défiler famille, amis et autres connaissances dans votre chambre de maternité ou votre salon. Autorisez-vous une certaine forme d'égoïsme : quelques jours/semaines de plus sans avoir rencontré votre bébé ne vont pas changer le cours de leur vie (vous pouvez leur envoyer des photos pour satisfaire leur curiosité) alors que pour vous, ces jours sans pression ni effort à faire (parler, être présentable) sont indispensables. Les proches qui vous aiment comprendront très bien votre besoin d'isolement.

Sans avoir peur de vexer les visiteurs, expliquez que vous avez besoin de repos, que vous profitez des siestes pour dormir vous-même, que vous préférez attendre d'être un peu moins fatiguée pour mieux apprécier leur visite. Au pire, tant pis s'ils le prennent mal ! Si vous ne pouvez vraiment pas éviter certaines visites, fixez l'heure du rendez-vous et soyez explicite sur le fait que vous ne pourrez pas poursuivre au-delà de tel horaire (bain à donner, rendez-vous avec la sage-femme, on vous autorise des petits mensonges !).

Et pourquoi ne pas organiser une « fête de naissance » qui rassemblerait tout le monde, en une seule fois, quelques semaines après la naissance ? C'est une tradition qui existe dans plusieurs pays... et qui permet de ménager bien des susceptibilités : en annonçant qu'il y a une rencontre prévue à une date fixe, on coupe court aux « Je passe vite fait » (qui s'éternisent toujours) et aux « Tu es chez toi ? Je peux venir ? » (non non, je pars faire un trekking avec mon porte-bébé).

Tout le monde aura son mot à dire

Les visites dans les jours qui suivent la naissance peuvent être fatigantes et elles sont surtout l'occasion pour les « bien intentionnés » de vous donner une foule de conseils, de vous raconter un tas d'histoires que vous n'aurez pas forcément envie d'entendre.

En général, vous aurez droit à des phrases commençant par « À mon époque, on faisait... » ou « De mon temps... » ou « Tu devrais... » et sa version plus courtoise « Pourquoi est-ce que tu ne fais pas... » Bien placée également dans le top five des conseils avisés, « Ma boulangère/cousine/la belle-sœur de la femme de mon voisin... a fait ci ou ça. » Évidemment, dans le flot d'informations que vous allez recevoir, il y a sûrement des idées ou des astuces à piocher. Vous avez beaucoup à apprendre et vous ne pouvez pas penser à tout. Il y a encore sûrement beaucoup de trucs de grand-mère et de produits miraculeux dont vous n'avez pas entendu parler.

Vous prendrez donc ce qui est bon à prendre, mais... sinon... laissez glisser. Personne n'a à vous dire comment faire (à moins que vous mettiez votre santé ou celle de votre enfant en danger), ni ne peut savoir ce qui est bon pour vous. Vous êtes formidable. Votre bébé est merveilleux.

Je vais être une
Super Maman.
Et toi aussi !

Conclusion

Quelle aventure inouïe vous venez de vivre ! Tout votre monde vient de changer grâce à ce « pouvoir » extraordinaire et pourtant si ordinaire que vous venez d'utiliser : vous avez donné naissance à un petit être, vous avez créé la vie, trouvé un nouveau sens à votre existence, vous êtes devenue une autre ! Vous ne saviez pas qu'en vous se cachait une telle magicienne. Vous avez réussi un sacré tour de passe-passe (et hop ! un bébé sort du chapeau !) mais votre baguette magique est maintenant en panne : pas de poudre de perlimpinpin pour faire disparaître les tas de linge sale, de formule abracadabra pour comprendre les pleurs de bébé ni de potion miraculeuse pour faire s'envoler la fatigue.

Les premiers temps de votre nouvelle vie ne seront peut-être pas trop « paillettes et flonflons ». Et ça, on ne vous l'avait pas assez dit.

Maintenant, vous savez. Pourtant, chaque jour, vous allez trouver une petite étincelle. Une joie, un regard, un sourire, un câlin si chauds et si doux que votre cœur sera inondé d'amour. Chaque jour – y compris quand votre bébé aura 20 ans –, vous allez vous réjouir d'avoir été cette fée qui a réussi ce miracle.

Même quand le doudou sera perdu, quand le tapis sera colorié en rouge ou le cahier d'anglais oublié pour la troisième fois en une semaine. Même quand il faudra passer des nuits blanches à cause d'une fièvre, répondre à des questions improbables, faire réciter les tables de multiplication. Même quand les épinards finiront par terre, quand le ballon aura cassé la vitre du voisin ou quand le chien aura été passé au cirage. Même quand il faudra répondre à la convocation du prof, payer la note de l'orthodontiste ou élever le ton. Même quand vous marcherez sur le jouet oublié, chercherez la chaussette orpheline ou répéterez en boucle « Mets ton écharpe ». Même quand il faudra dire « Non, pas de scooter », « Tu rentres à 23 heures, max » ou « C'est quoi ce maquillage ? ». Même quand il y aura des bobos aux genoux et des bobos au cœur.

Vous allez être « la meilleure maman du monde ». Il va vous aimer « plus grand que le ciel ». Et ça, c'est la plus belle chose qui pouvait vous arriver.

Dans la même collection

ma petite famille

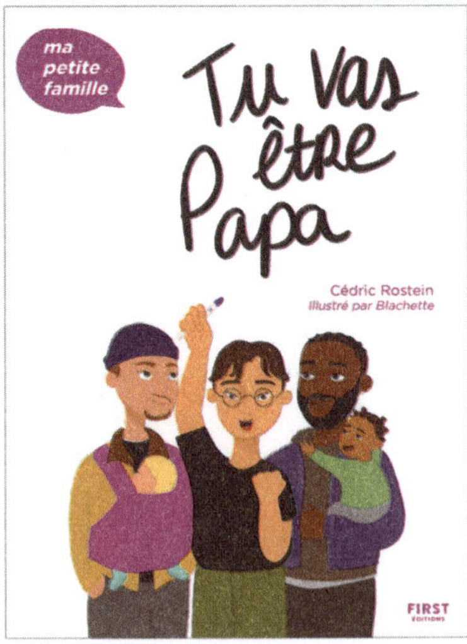